Garden Gastronomy

32 recipes tried and tested by the youth gardeners of City Blossoms

By Rebecca Lemos,
Elizabeth Milo, and Willa Pohlman

Gastronomía del Jardín

32 recetas preparadas y probadas por los jardineros jóvenes de City Blossoms

Por Rebecca Lemos,
Elizabeth Milo, y Willa Pohlman

Contents • Contenido

Introduction

If you come to a City Blossoms green space on a warm afternoon, you'll probably see kids of all ages snapping and plucking fluorescent Swiss chard leaves. Some of the kids wash the colorful bouquet, others rip it into bite-sized pieces and the older kids chop up the rainbow stems. The ingredients are added to the garden harvest, perhaps sautéed, and then served to all before we offer thanks together and dig in.

Inevitably, a parent will walk through this scene and exclaim in amazement, "Oh, so you *like* vegetables *now*?! Why don't you eat them at home?" The kid might decide to chew a little bashfully and keep quiet, but we have seen this enough times to know the answer: when kids are a part of growing, harvesting, and preparing their own delicious meals with friends and family, they are more likely to eat their vegetables. They are more likely to *enjoy* them.

We love preparing healthy meals so much that it has become a key part of our work at City Blossoms, interwoven with artistic expression, environmental education, and community building to support kid-powered, community-engaging, creative green spaces. The recipes in this book have all been taste-tested and prepared either in gardens or schools with chefs from ages two to teen, with their families, teachers, and neighbors all along for the delicious ride. We hope you use this book as an opportunity to explore cooking with kids, whether that be with your own children at home or in an educational setting.

THANK YOU TO THOSE WHO...planted, picked, and prepared, including our staff (past + present), especially Marvin Chavez del Cid, Saeviona Garrett, Adrien Gontier, Hillary Quarles, Jessica Richards-Murray, Malka Roth and Nicole Schenkman. We are also grateful to our fantastic designer Alaina Johnson, photographer Renée Comet, translator Diana Rayas and the District of Columbia's Mayor's Office on Latino Affairs.

To learn more about City Blossoms' projects or ways to support our work, visit us at www.cityblossoms.org.

Introducción

Si llegas a uno de los jardines de City Blossoms en una tarde cálida, probablemente verás niños de todas las edades chasqueando y arrancando las hojas brillosas de acelgas. Algunos de ellos lavan el racimo colorido, otros lo trocean en piezas pequeñas y los niños mayores pican los tallos de todos colores. Los ingredientes se agregan a la cosecha del huerto, tal vez se sazonan, para luego servirlos a todos antes de dar gracias juntos y empezar a comer.

Inevitablemente, un padre de familia aparecerá a esta escena y exclamará sorprendido, "i¿Oh, entonces si te gustan las verduras?! ¿Por qué no las comes en casa?" La niña podría decidir masticar tímidamente y quedarse callada, pero hemos visto esto en suficientes ocasiones para saber que la respuesta sería: cuando los niños forman parte del cultivo, la cosecha y la preparación de sus propios y deliciosos alimentos en compañía de amigos y familia, son propensos a comer sus verduras. Hay más probabilidad de que los disfruten.

Nos encanta preparar alimentos saludables, tanto que se ha convertido en una parte clave de nuestro trabajo en City Blossoms, entretejido con expresiones artísticas, educación ambiental y la creación del sentido de comunidad para apoyar el empoderamiento de los niños, la participación de la comunidad y las áreas verdes creativas. Todas las recetas en este libro han sido probadas y preparadas en los jardines o las escuelas con cocineros de edades entre dos años y adolescentes, con sus familias, maestros y vecinos juntos a lo largo del delicioso paseo. Esperamos que uses este libro como una oportunidad para explorar la cocina con los niños, ya sea con tus propios hijos en casa o en un ambiente educativo.

GRACIAS A QUIENES...plantaron, eligieron y prepararon para este libro, incluyendo nuestro personal (pasado y presente), especialmente a Marvin Chavez del Cid, Saeviona Garrett, Adrien Gontier, Hillary Quarles, Jessica Richards-Murray, Malka Roth y Nicole Schenkman. También damos gracias a nuestra fantástica diseñadora Alaina Johnson, fotógrafa Renée Comet, traductora Diana Rayas y La Oficina del Alcalde para Asuntos Latinos del Distrito de Columbia.

Para aprender más sobre los proyectos de City Blossoms o formas de apoyar nuestro trabajo, visítenos en www.cityblossoms.org.

Cooking with Kids

Making Recipes from Start to Finish

Here are some best practices we have learned in the field:

Recipe prep: It's best to have all the cooking materials ready and within reach before starting so you don't have to turn your back to look for something while kids are using tools and working with communal food. (With younger kids, often it's helpful to have tools on a separate surface so enthusiastic helpers don't reach for tools before you're ready.)

Herbs are your friends: Herbs are healthy and versatile -- we like using herbs because they add flavor without fat, salt, or sugar, and have numerous health benefits.

Friendly flavors: Familiar bridge foods are a great way to get kids to try new and different things (for example, pasta and cheese are often gentle ways to ease into trying new foods).

Demonstration: To make sure cooking the recipe is a safe and delicious experience, demonstrate each step for any young helpers, whether it's mixing, ripping herbs, or using a tool. For kids who need it, give them a special "Chef's Assistant" job near an adult to help keep them focused and safe.

Using sharp objects: Many of these recipes call for tearing herbs or using a mortar and pestle so chefs of all ages can be involved without the risk of using sharp objects like a knife or grater. Sharp tools are a part of cooking though, so when kids are cutting or grating, a good trick is to make a notch in the vegetable to know where fingers should stay.

Trying new foods: Before tasting, we like to role play respectful ways to talk about the food that we spent time and energy making. Having a conversation and giving kids a choice in trying new foods helps them feel comfortable in being adventurous eaters.

Serving: Helping serve and share the meal builds kids' confidence in the food they have made. Before anybody takes a bite, we gather together and say a cheer or give thanks and then dig in.

And the #1 rule is... have fun! Now let's get cooking.

Cocinando con Niños

Usando Recetas de Inicio a Fin

A continuación hay algunas de las mejores prácticas que hemos aprendido en el campo:

Preparación de la receta: Lo mejor es tener listos y a la mano todos los materiales e ingredientes para cocinar antes de comenzar, de esta forma no tienes que voltear y buscar algo mientras los niños esten usando utensilios y trabajando con alimentos comunales. (Con niños más pequeños, muchas veces ayuda tener los utensilios en una superficie separada para que los entusiasmados ayudantes no alcancen los utensilios antes de que tú estés lista o listo).

Las hierbas son tus amigas: Las hierbas son saludables y versátiles -- nos gusta usar las hierbas porque agregan sabor sin grasa, sal o azúcar, y proveen numerosos beneficios a la salud.

Sabores amigables: Los alimentos familiares son un puente maravilloso para lograr que los niños prueben cosas nuevas y diferentes (por ejemplo, la pasta con queso es frecuentemente una buena forma de probar alimentos nuevos).

Demostración: Para asegurar que la preparación de una receta sea una experiencia segura y disfrutable, demuestra cada paso a los ayudantes jóvenes, ya sea mezclando, deshojando hierbas o usando una herramienta. Para los niños que lo necesiten, asígnales un trabajo especial de "Asistente de Cocinero" cerca un de adulto, para ayudarles a enfocarse y sentirse seguros.

Utilizo de objetos filosos: Muchas de estas recetas piden cortar hierbas o utilizar un mortero y mazo, entonces los cocineros de todas las edades pueden involucrarse sin el riesgo de utilizar objetos filosos como un cuchillo o un rallador. Sin embargo las herramientas filosas son parte de la cocina, un buen truco cuando los niños están cortando o rallando es marcar en la verdura donde deben mantener sus dedos.

Probar alimentos nuevos: Antes de probar, nos gusta usar la actución para hablar sobre la comida en la que invertimos tiempo y energía preparando. Conversando y dándoles a los niños la opción de probar alimentos nuevos, les ayuda a sentirse cómodos como comensales aventureros.

Servir la comida: El ayudar a servir y compartir alimentos construye la confianza que los niños tienen en la comida que ellos prepararon. Antes de que cualquiera la pruebe, nos reunimos y brindamos o damos las gracias y luego comemos.

Y la regla #1 es... ¡divertirse! Ahora empecemos a cocinar.

Cooking Tools List

For making recipes inside or outside

Here is a list of tools we stock at every City Blossoms green space to engage children and prepare all the recipes in this book. If you're cooking with a group, make sure to have multiples of tools to share.

Lista de Instrumentos Culinarios

Para preparar recetas adentro o al aire libre

A continuación se encuentra una lista de instrumentos culinarios que siempre mantenemos en las áreas verdes de City Blossoms, para interesar a los niños y preparar todas las recetas de este libro. Si estás cocinando con un grupo, asegúrate de tener múltiples utensilios para compartir.

Mixing bowls of various sizes
—
Tazones para mezclar de varios tamaños

Stove
—
Estufa

Vegetable peeler
—
Pelador de verduras

Garlic press
—
Machacador de ajos

Cutting boards
—
Tabla para picar

Box grater
—
Rallador (de cuatro lados)

Mason jars
—
Frascos de vidrio

Set of measuring spoons
—
Juego de cucharas medidoras

Sharp cutting knives
—
Cuchillos para cortar filosos

Kid friendly knives
—
Cuchillos aptos para niños

Mortar and pestle
—
Mortero y mazo

Saute pan
—
Sarten

Spiralizer
—
Rallador en espiral

Measuring cup
—
Taza medidora

Juicer
—
Exprimidor de jugos

Resealable plastic bags
—
Bolsas de plástico herméticas

Wax paper
—
Papel encerado

Colander
—
Coladera

Mixing spoons
—
Cucharas para mezclar

Pot
—
Ollas

Pantry Items

Staples to have on hand

We like to keep our pantry stocked with these items because we use them in lots of recipes and they keep for a long time.

Lista de Alacena

Artículos básicos para tener a la mano

Nos gusta mantener nuestra alacena bien surtida con estos artículos, porque los usamos en muchas de las recetas y se mantienen en buenas condiciones por un largo tiempo.

White vinegar

Vinagre blanco

Red wine vinegar

Vinagre de vino tinto

Salt and pepper

Sal y pimienta

Apple cider vinegar

Vinagre de manzana

Red pepper flakes

Hojuelas de pimiento

Soy sauce

Salsa de soya

Honey

Miel

Olive oil

Aceite de oliva

Rice vinegar

Vinagre de arroz

Cumin

Comino

Chile powder

Chile en polvo

Vegetable oil

Aceite vegetal

Paprika

Paprika

White sugar

Azucar blanca

Rice

Arroz

Sesame oil

Aceite de sésamo

Sunflower seeds

Semillas de girasol

Sauces

TO DIP OR SPREAD

Salsas

SUMERGIR O UNTAR

3 weeks   *Spring*   *Fall*   *Yield: 16 ounces vinegar*

Chive Blossom Vinegar

With only two ingredients, this recipe could not be easier, but it will impress all your tasters. This flavorful vinegar makes for a fun science experiment or a great gift.

Ingredients

24 chive blossoms

1 16-ounce bottle distilled white vinegar

Cooking Tools

Coffee filters

Containers with plastic lids

Funnel

Paper towels

Saeviona's Helpful Hint

For a summer snack, try a little chive blossom vinegar and dill on cucumbers.

Steps

1. Wash the fully opened chive blossoms, gently dry them with a paper towel, and let them air dry for an hour or two.

2. Pour half of the vinegar into a separate container and set aside. Put clean chive blossoms into vinegar bottle. Pour the vinegar you set aside back into the bottle until it is brimming to get rid of any air. Recap the bottle and store it somewhere cool and dark.

3. For two to three weeks, give the bottle a shake once a day. The vinegar will slowly turn a light magenta. The longer the chive blossoms steep in the vinegar, the more flavorful and colorful it will become.

4. When the mixture is ready, pour the vinegar into a clean container (or several). While pouring, use a coffee filter inside of a funnel to strain out the chive blossoms.

5. To try it out, mix three parts oil to one part vinegar to make a simple dressing or substitute it for vinegar in your favorite dressing recipe.

Vinagre de Flor de Cebollín

Con sólo dos ingredientes, esta receta no podría ser más fácil, pero impresionará a todos quienes la prueben. Este vinagre sabroso sirve como un experimento divertido o un gran regalo.

Ingredientes

24 flores de cebollín
1 botella de 16 onzas de vinagre blanco

Instrumentos Culinarios

Filtros para café
Envases con tapa de plástico
Embudo
Toallas de papel

Consejo Útil de Saeviona

Para un refrigerio de verano, agrega un poco de vinagre de flor de cebollín y eneldo a los pepinos.

Pasos

1. Lava las flores de cebollín totalmente abiertas, sécalas cuidadosamente con una toalla de papel y déjalas secar al aire libre por una o dos horas.

2. Vacía la mitad del vinagre en un envase separado y déjalo a un lado. Coloca las flores de cebollín limpias en la botella del vinagre. Vacía nuevamente a la botella el vinagre que separaste hasta el tope de la botella procurando no dejar nada de aire. Cierra la botella y almacénala en un lugar fresco y oscuro.

3. Durante dos o tres semanas agita la botella una vez al día. El vinagre lentamente cambiará a un tono rosado. Entre más tiempo reposen las flores de cebollín en el vinagre, más sabor y color se produce.

4. Cuando la mezcla esté lista, vacía el vinagre en uno o varios envases limpios. Mientras que estes vaciando, utiliza un filtro para café dentro de un embudo para colar las flores de cebollín.

5. Para probarlo, mezcla tres partes de aceite con una de vinagre para preparar un aderezo sencillo o sustituirlo por vinagre en tus recetas de aderezos favoritas.

🕐 *30 minutes* 🌷 *Spring* 🍂 *Fall* Yield: *15 samples*

Kale and Chickpea Spread

This spread is a great way to cook with fresh produce at the beginning of the spring or late in the fall when dark leafy greens are in season. Chickpeas, kale, and herbs come together in the mortar and pestle to make an enticing spread that can go on just about anything - veggies, crackers, bread, or even a sandwich.

Ingredients

5 kale leaves

1 clove garlic

1 lemon

Half a 15-ounce can of chickpeas, drained

1-2 tablespoons olive oil

1 tablespoon soy sauce

1 teaspoon fresh thyme, rosemary, or basil

Crackers, small pieces of bread, or carrot sticks

Cooking Tools

Cutting board

Garlic press

Juicer

Knife

Measuring spoons

Mortar and pestle

Steps

1. Remove the stems from the kale and tear the leaves into small pieces. Set them aside.

2. Crush garlic using the garlic press or mince.

3. Squeeze the lemon juice into the mortar bowl. Add the chickpeas, olive oil, soy sauce, and garlic. Start mashing the chickpeas with the pestle. Depending on the size of the mortar, add the chickpeas in small portions so as not to overfill the mortar.

4. Remove stems from the herbs and chop or rip if using larger leafed herb (i.e. rosemary or basil).

5. Add the herbs and kale to the mortar and pestle and mix thoroughly.

6. Serve on crackers and enjoy!

Marvin's Fun Fact

Kale comes in many shapes - from flat to curly - and many colors, including light green, dark green, purple-green, and purple-brown.

30 minutos   Primavera   ⌀ Otoño   Rendimiento: 15 probaditas

Salsa de Col Rizada y Garbanzos

Esta salsa es una estupenda forma de cocinar con productos frescos al inicio de la primavera o finales del otoño cuando las verduras de hojas verdes están en temporada. Los garbanzos, col rizada y las hierbas se reúnen con el mortero y mazo para convertirse en una tentada salsa que puede usarse con casi todo - verduras, galletas saladas, pan o incluso un sandwich.

Ingredientes

5 hojas de col rizada

1 diente de ajo

1 limón amarillo

Media lata de 15 onzas de garbanzos, sin líquido

1-2 cucharadas de aceite de oliva

1 cucharadita de tomillo, romero o albahaca frescos

Galletas saladas, trozos pequeños de pan o tiras de zanahorias

Instrumentos Culinarios

Tabla para picar

Machacador de ajos

Exprimidor de jugos

Cuchillo

Cucharas medidoras

Mortero y mazo

Dato Curioso de Marvin

La col rizada crece de muchas maneras - desde lisa hasta rizada - y de muchos colores, incluyendo verde claro, verde oscuro, morado-verde y morado-café.

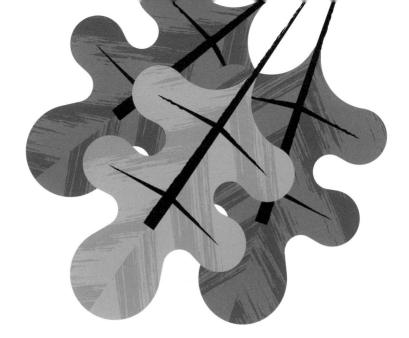

Pasos

1. Retira los tallos de la col rizada y trocea las hojas en trocitos pequeños. Pónlos a un lado.

2. Tritura el ajo utilizando el machacador de ajos o pícalo.

3. Exprime el jugo de limón amarillo en el mortero. Agrega los garbanzos, aceite de oliva, salsa de soya y ajo. Comienza a aplastar los garbanzos con el mazo. Dependiendo del tamaño del mortero, agrega garbanzos poco a poco para no sobre llenar el mortero.

4. Retira los tallos de las hierbas y pícalas o trocéalas si son hierbas con hojas grandes (ej. Romero o albahaca)

5. Agrega las hierbas y la col rizada al mortero y mazo, y mezcla bien.

6. Sirve sobre galletas saladas y ¡disfruta!

20-30 minutes   Spring   Summer   Fall   Yield: 15 samples

Fresh Herb Ranch Dressing

Ranch is a favorite at the salad bar, but the store-bought brands often are full of sugar and sodium. Cool and creamy, this homemade treat is easy to make and will get kids excited about veggies any time of year.

Ingredients

1/4 cup mixed herbs (dill, chives, parsley)

1/4 cup mayonnaise

1/4 cup sour cream

1 tablespoon buttermilk

1 teaspoon white vinegar

1 clove garlic

1/2 teaspoon salt

1/2 teaspoon pepper

1/2 teaspoon paprika

Cooking Tools

Cutting board

Food processor (or bowl and whisk)

Knife

Measuring cups

Measuring spoons

Steps

1. Wash and roughly chop herbs.

2. Add all ingredients into the food processor and blend until the herbs are specks in the sauce. If you don't have a food processor, chop or rip herbs into small pieces and hand mix all the ingredients with a whisk in a large bowl.

3. Serve with veggies!

Marvin's Fun Fact

Dill is a popular culinary herb in the Balkans, Greece, Russia, and Scandinavia. It is often used in sour dishes such as pickles, sauerkraut, and salad dressings.

Aderezo Ranch con Hierbas Frescas

El ranch es uno de los favoritos en la mesa de ensaladas, pero las marcas comerciales comúnmente contienen mucha azúcar y sodio. Servido frío y cremoso, esta delicia casera es fácil de preparar y animará a los niños para comer verduras en cualquier temporada del año.

Ingredientes

1/4 taza de hierbas mixtas (eneldo, cebollines, perejil)

1/4 taza de mayonesa

1/4 taza de crema ácida

1 cucharada de buttermilk

1 cucharadita de vinagre blanco

1 diente de ajo

1/2 cucharadita sal

1/2 cucharadita pimienta

1/2 cucharadita paprika

Instrumentos Culinarios

Tabla para picar

Procesador de alimentos
(o tazón y globo)

Cuchillo

Tazas medidoras

Cucharas medidoras

Pasos

1. Lava y pica ligeramente las hierbas.

2. Agrega todos los ingredientes en el procesador de alimentos y mezcla hasta que las hierbas luzcan como puntitos en la salsa. Si no tienes un procesador de alimentos, pica o trocea las hierbas en pequeñas piezas y mezcla a mano todos los ingredientes usando un tazón grande y un batidor.

3. ¡Sírvelo con verduras!

Dato Curioso de Marvin

El eneldo es una hierba culinaria popular en Balcanes, Grecia, Rusia y Escandinavia. En muchas ocasiones es utilizado en platillos ácidos como pepinillos, curtido de col y aderezos para ensaladas.

30 minutes   *Spring* *Summer* *Fall* *Yield: 15 samples*

Guacamole

Guacamole may be on trend right now, but it never goes out of style. Enjoy with classic accoutrements or experiment with Squachos (recipe below)! Try adding some fresh tomatoes and hot peppers for a little color and spice.

Ingredients

1/2 small red onion

3 stems fresh cilantro

3 chives

1 avocado

1/2 lemon

Salt to taste

Cooking Tools

Cutting board

Juicer

Knife

Large mixing spoon

Mortar and pestle
(or fork and bowl)

Steps

1. Cut the onion into very small pieces on a cutting board.

2. Using your hands, rip the chives and cilantro into small pieces or use the knife and cutting board to mince.

3. Halve the avocado and remove the pit by sliding the tip of a spoon underneath the pit and gently lifting it out. Once the pit is removed, scoop out the insides using a large spoon and cut into chunks. Use the mortar and pestle to mash up the avocado. If you don't have a mortar and pestle you can use a fork and bowl instead.

4. Juice the half a lemon and add the juice to the avocado in the mortar and pestle.

5. Mix in the onion and herbs with a fork. There is no need to mash up the onion pieces.

6. Season with a pinch of salt. Taste the guacamole and add more salt if necessary. Guacamole goes well with everything, but it doesn't keep for very long so make sure to use it all up!

Saeviona's Helpful Hint

Instead of eating your homemade guac with tortilla chips, why not try some Squachos? Slice some summer squash into circles and top with guacamole and salsa for a delicious bite. Also try it with Veggie Fajitas (page 85) or Swiss Chard Quesadillas (page 97).

Guacamole

El guacamole podría estar de moda ahora, pero nunca deja de estar. ¡Disfrútalo con los acompañantes clásicos o experimenta con los Squachos (receta a continuación)! Prueba agregando tomates frescos y chiles picosos para darle color y un toque.

Ingredientes

1/2 cebolla morada pequeña

3 ramitas de cilantro fresco

3 cebollines

1 aguacate

1/2 limón amarillo

Sal al gusto

Instrumentos Culinarios

Tabla para picar

Exprimidor de jugos

Cuchillo

Cuchara grande para mezclar

Mortero y mazo (o tenedor y tazón)

Consejo Útil de Saeviona

En lugar de comer tu guacamole casero con un totopo de maíz, ¿por qué no pruebas unos Squachos? Rebana un poco de calabaza de verano (summer squash) en rodajas y agrega guacamole y salsa para obtener una deliciosa mordida. También pruébalo con las Fajitas Vegetarianas (página 86) o las Quesadillas de Acelgas (página 98).

Pasos

1. Pica la cebolla en cubitos muy pequeños sobre una tabla para picar.

2. Utilizando tus manos, trocea en pequeñas piezas los cebollines y el cilantro o utiliza el cuchillo y la tabla para picarlos.

3. Corta el aguacate en la mitad y retira el hueso colocando una cuchara debajo del hueso y levantándola suavemente. Una vez que hayas retirado el hueso, saca el aguacate de la cascara con una cuchara grande y córtalo en trozos. Utiliza el mortero y mazo para triturar el aguacate. Si no tienes un mortero y mazo puedes usar un tenedor y un tazón.

4. Exprime el jugo de medio limón amarillo y agrégalo al aguacate en el mortero y mazo.

5. Agrega la cebolla y hierbas con un tenedor. No necesitas deshacer los cubitos de cebolla.

6. Dale sabor con una pizca de sal. Prueba el guacamole y agrega más sal si es necesario. El guacamole acompaña a todo, pero no se mantiene fresco mucho tiempo, ¡entonces asegúrate de comerlo todo!

30 minutes ☼ Summer   Yield: *15 samples*

Sunflower Seed Pesto

Using a mortar and pestle to make this pesto will take a LOT of grinding and mashing, so get your muscles ready with a precooking stretch.

Ingredients

2 tablespoons sunflower seeds

1 clove garlic

Salt and pepper to taste

1 cup basil leaves

2 tablespoons olive oil

2 tablespoons grated parmesan cheese

Cooking Tools

Cutting board

Fork

Knife

Measuring spoons

Mortar and pestle (or blender or food processor)

Small bowl

Steps

1. Put the sunflower seeds into the mortar and pestle and grind them into a paste. Put the paste into a small bowl.

2. Next, put the garlic and a pinch of salt into the mortar and pestle. Grind into a paste.

3. Chop or rip the basil into little pieces and put into the mortar and pestle on top of the garlic and salt mixture. Mash, mash, mash!

4. Add the seed paste back into the mortar with the basil mixture and mash some more!

5. Transfer the mixture into the small bowl. Slowly add the olive oil and mix, mix, mix!

6. Add the cheese and mix again.

7. Once it is all mixed up, add pepper to taste. Eat with crackers, pasta, or veggie sticks!

8. Alternative: Place seeds, basil, cheese, garlic, and salt in blender or food processor and blend until you have a coarse paste. Drizzle in olive oil* and blend until smooth.

When using a blender instead of the mortar and pestle, increase the amount of olive oil to around a 1/2 cup.

Marvin's Fun Fact

Basil is central to this classic Italian sauce, but it is actually native to southeast Asia and belongs to the mint family.

30 minutos   ☼ *Verano*   *Rendimiento: 15 probaditas*

Pesto con Semillas de Girasol

Utilizando un mortero y mazo para preparar este pesto tomará MUCHO tiempo martajando y aplastando, así que prepara tus músculos con un estiramiento previo a cocinar.

Ingredientes

2 cucharadas de semillas de girasol

1 diente de ajo

Sal y pimienta al gusto

1 taza de hojas de albahaca

2 cucharadas de aceite de oliva

2 cucharadas de queso parmesano rallado

Instrumentos Culinarios

Tabla para cortar

Tenedor

Cuchillo

Cucharas medidoras

Mortero y mazo (o licuadora o procesador de alimentos)

Tazón pequeño

Dato Curioso de Marvin

La albahaca es crítica en esta salsa italiana clásica, pero de hecho es nativa del sureste de Asia y pertenece a la familia de la menta.

Pasos

1. Coloca las semillas de girasol en el mortero y mazo y tritúralas hasta lograr una consistencia pastosa. Vacía la pasta a un tazón pequeño.

2. Luego, agrega el ajo y una pizca de sal al mortero y mazo. Tritura hasta lograr una pasta.

3. Pica o trocea la albahaca en pequeñas piezas y colócala en el mortero y mazo junto con la mezcla del ajo y sal. ¡Mezcla, mezcla, mezcla!

4. Agrega la pasta de las semillas a la mezcla de la albahaca en el mortero y mazo y ¡mezcla y mezcla más!

5. Transfiere la mezcla a un tazón pequeño. Lentamente agrega aceite y ¡mezcla, mezcla, mezcla!

6. Agrega el queso y mezcla nuevamente.

7. Una vez que todo está bien mezclado, agrega pimienta al gusto. ¡Cómelo con galletas saladas, pasta o tiras de verduras!

8. Alternativa: Coloca las semillas, albahaca, queso, ajo, y sal y pimienta en una licuadora o procesador de alimentos, y licúa hasta lograr una consistencia pastosa. Rocía el aceite de oliva* y mezcla hasta que luzca uniforme.

Cuando utilices una licuadora en lugar de un mortero y mazo, incrementa la cantidad de aceite de oliva a 1/2 taza.

⏱ *30 minutes* ☀ *Summer*   *Yield: 15 samples*

Garden Salsa

Spice up your life with fresh garden salsa! Sweet and tangy tomatoes, crunchy corn, and spicy peppers make this summer salsa a scrumptious snack with chips or a great way to top another dish.

Ingredients

2-3 medium tomatoes, or
15-20 cherry tomatoes

1/2 red onion

2 small sweet peppers

1/2 jalapeno pepper

1 clove garlic

1 ear sweet corn, shucked

10 basil leaves or 10
cilantro stems

1 lime

1 teaspoon salt

Cooking Tools

Bowl

Cutting board

Juicer

Knife

Measuring spoons

Large mixing spoon

Steps

1. Dice the tomatoes, or if using cherry tomatoes, halve them.

2. Dice onion into small pieces.

3. Seed and dice your sweet peppers.

4. If you want the salsa less spicy, remove the seeds from the jalapeno pepper. Finely dice jalapeno.

5. Finely mince the garlic.

6. Combine chopped tomatoes, onion, sweet peppers, jalapeno, and minced garlic in bowl.

7. Remove the kernels from the corn by holding it vertically with one end on the cutting board and cutting downwards along the side with a sharp knife.

8. Chop or tear the basil into small pieces, or remove the cilantro leaves from the stems and chop or tear.

9. Add corn and herbs to veggie mixture. Squeeze lime juice over top.

10. Add salt and mix well. Enjoy salsa with tortilla chips or as a side dish.

Saeviona's Helpful Hint

Experiment with different flavors by adding other ingredients like mango, pineapple, and spices.

Salsa del Jardín

¡Dale sabor a tu vida con la salsa fresca del jardín! Tomates dulces y picositos, maíz crujiente y chiles picosos hacen de esta salsa de verano un refrigerio de chuparse los dedos o con totopos de maíz, o como una forma genial de agregar sabor a otro platillo.

Ingredientes

2-3 tomates medianos o 15-20 tomates cereza

1/2 cebolla morada

2 chiles dulces pequeños

1/2 chile jalapeño

1 diente de ajo

1 mazorca de maíz dulce, desgranada

10 hojas de albahaca o 10 ramitas de cilantro

1 limón verde

1 cucharadita de sal

Instrumentos Culinarios

Tazón

Tabla para picar

Exprimidor de jugos

Cuchillo

Cucharas medidoras

Cuchara grande para mezclar

Pasos

1. Pica los tomates, o si estás utilizando tomates cereza córtalos a la mitad.

2. Pica la cebolla en pequeños cubitos.

3. Quita las semillas de los chiles dulces y pícalos.

4. Si deseas una salsa menos picosa, quita las semillas del chile jalapeño. Pica finamente el jalapeño.

5. Pica finamente el ajo.

6. Combina en un tazón los tomates picados, la cebolla, los chiles dulces, el jalapeño y el ajo.

7. Desgrana la mazorca sosteniéndola de un extremo verticalmente sobre la tabla para picar, y corta deslizando el cuchillo filoso hacia abajo rodeando toda la mazorca.

8. Pica o trocea la albahaca en pequeñas piezas o desprende las hojas del cilantro de los tallos y pica o trocea.

9. Agrega los granos de maíz y las hierbas a la mezcla de verduras. Exprime el limón verde encima.

10. Agrega sal y mezcla bien. Disfruta la salsa con totopos de maíz o como guarnición.

Consejo Útil de Saeviona

Experimenta con sabores distintos agregando otros ingredientes como mango, piña y especias.

Salads

CRISP AND CRUNCHY

Ensaladas

TOSTADITO Y CRUJIENTE

Spring Pasta Salad

Engage kiddos' imaginations with this recipe by getting in the mind of a rabbit. If there were a sneaky rabbit in the garden stealing veggies and herbs, what would it grab? Chances are, you can toss the same ingredients with pasta and it will be as delectable for us humans.

Ingredients

At least 3 different colorful vegetables (i.e. Swiss chard, carrots, peppers, or peas)

2 cups cooked pasta - pick a fun shape like rotini, farfalle (bow ties) or fusilli

6 sprigs thyme

6 leaves basil

6 chives

2 tablespoons olive oil

1/4 teaspoon salt

1/4 teaspoon pepper

Shredded or grated parmesan (optional)

Cooking Tools

Cutting board

Knife

Large bowl

Large mixing spoon

Measuring spoons

Steps

1. Chop or grate all the vegetables into bite size pieces. Think rabbit-size!

2. Strip the thyme leaves from the stems and discard the stems. Chop or rip basil and chives.

3. Put the pasta into the large bowl. Drizzle the olive oil on top. Add the vegetables and herbs and stir together with the pasta.

4. Add salt and pepper to taste. Sprinkle a bit of parmesan cheese on top to really knock your socks off!

Saeviona's Helpful Hint

To make your pasta extra fun, add 1/4 cup of raw or sauteed shredded beets and watch as the pasta magically turns pink.

Ensalada de Pasta Primavera

Involucra la imaginación de los niños con esta receta a través de llevarles a la mente de un conejo. Si hubiera en el jardín un conejo travieso robaría las verduras y hierbas, ¿qué crees que robaría? Lo más probable es que tú puedas combinar los mismos ingredientes con pasta y sería deleitable para nosotros los seres humanos.

Ingredientes

Al menos 3 verduras de colores diferentes (por ejemplo, acelgas, zanahorias, pimientos o guisantes)

2 tazas de pasta cocida - elige una forma divertida como rotini, corbatitas o fusilli

6 ramitas de tomillo

6 hojas de albahaca

6 cebollines

2 cucharadas de aceite de oliva

1/4 cucharadita de sal

1/4 cucharadita de pimienta

Queso parmesano triturado o rallado (opcional)

Instrumentos Culinarios

Tabla para picar

Cuchillo

Tazón grande

Cuchara grande para mezclar

Cucharas medidoras

Pasos

1. Pica o ralla todas las verduras en piezas del tamaño de una mordida. ¡Piensa en el tamaño del conejo!

2. Desprende del tallo las hojas del tomillo y desecha los tallos. Pica o trocea la albahaca y cebollines.

3. Coloca la pasta en un tazón grande. Rocía el aceite de oliva. Agrega las verduras y hierbas y mezcla todo con la pasta.

4. Agrega sal y pimienta al gusto. ¡Rocea un poco de queso parmesano encima para impresionar a los demás!

Consejo Útil de Saeviona

Para hacer tu pasta más divertida, agrega 1/4 de taza de remolacha rallada cruda o cocida y observa cómo la pasta mágicamente cambia de color a rosado.

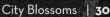

30 minutes   Spring   Fall   Yield: 12-15 samples

Beet and Carrot Slaw with Honey

Crunchy and sweet, this slaw is an excellent way to introduce children to root vegetables that they might be afraid of trying - especially beets. The fresh ginger and lemon make this appealing to grown ups as well.

Ingredients

2 carrots

1 beet

1 apple

1 lemon

1 inch fresh ginger root

1 tablespoon olive oil

2 tablespoons honey

2 tablespoons sunflower seeds

2 tablespoons dried sweetened cranberries

Salt to taste

Cooking Tools

Cutting board

Grater

Juicer

Knife

Large mixing spoon

Measuring spoons

Mixing bowl

Vegetable peeler

Steps

1. Peel and grate the carrots and beets. Set them aside in the mixing bowl.

2. Dice the apple into 1/2 inch pieces. Add to the carrots and beets.

3. Juice the lemon and mix the juice into the vegetables.

4. Peel and grate the ginger on the finest side of the box grater (or if you only have a coarse grater, grate and mince it into finer pieces).

5. Add the olive oil, honey, cranberries, sunflower seeds, ginger, and a pinch of salt to taste.

Saeviona's Helpful Hint

For a slightly different variation, replace the beet with radish and the cranberries with raisins.

Ensalada de Remolacha y Zanahoria con Miel

Crujiente y dulce, esta ensalada es una excelente manera de introducir los tubérculos a los niños que tienen miedo de probarlos - especialmente la remolacha. El jengibre fresco y limón amarillo la hacen atractiva para los adultos también.

Ingredientes

2 zanahorias

1 remolacha

1 manzana

1 limón amarillo

1 pulgada de jengibre fresco

1 cucharada de aceite de oliva

2 cucharadas de miel

2 cucharadas de semillas de girasol

2 cucharadas de arándanos dulces deshidratados

Sal al gusto

Instrumentos Culinarios

Tabla para picar

Rallador

Exprimidor de jugos

Cuchillo

Cuchara grande para mezclar

Cucharas medidoras

Tazón para mezclar

Pelador de verduras

Pasos

1. Pela y ralla las zanahorias y remolacha. Colócalas a un lado en un tazón para mezclar.

2. Corta la manzana en cubitos de 1/2 pulgada. Agrega a las zanahorias y remolacha.

3. Exprime el jugo del limón amarillo y mézclalo con las verduras.

4. Pela y ralla el jengibre en el lado más fino del rallador (o si solo tienes un rallador sencillo, rállalo y luego pícalo finamente).

5. Agrega el aceite de oliva, miel, arándanos, semillas de girasol, jengibre, y una pizca de sal para dar sabor.

Consejo Útil de Saeviona

Para una variante ligera, sustituye la remolacha por rábano y los arándanos por pasitas.

Carrot Couscous Salad

If you can get some harissa paste, we highly recommend it. The heat and complex spices from the harissa will add even more layers to this salad, which is a nod to North African cuisine.

Ingredients

1 cup dry couscous

1 cup hot water

3 carrots

3-4 stalks parsley

1/4 cup raisins

1 clove garlic

1 lemon

2 tablespoons olive oil

1 teaspoon salt

1 teaspoon ground cumin

1 teaspoon paprika

1 teaspoon harissa (optional)

Cooking Tools

Cutting board

Bowls

Fork

Garlic press

Grater

Juicer

Knife

Large mixing spoon

Measuring spoons

Pot with lid

Vegetable peeler

Steps

1. Heat the water in the pot. When water comes to a boil, remove from heat, add the couscous, cover, and let stand for 5-10 minutes until the liquid has been absorbed. Fluff with a fork and set aside to cool.

2. Grate the carrots with the box grater.

3. Remove the parsley leaves from the stems and rip or chop into small pieces.

4. Crush the garlic in the garlic press into a small bowl.

5. Juice the lemon and add to the bowl with the garlic. Add olive oil, salt, cumin, paprika, and harissa. Whisk with a fork.

6. In a large bowl, combine the couscous, carrots, parsley, and raisins.

7. Pour dressing over couscous mixture and give it a stir.

Marvin's Fun Fact

Couscous is made from semolina wheat, the same wheat used to make pasta. Wheat is one of the first plants to be domesticated by humans, dating all the way back to 11,300 years ago in the Middle East.

Ensalada de Cuscús con Zanahoria

Si puedes obtener pasta *harissa*, te lo recomendamos altamente. El picor y las especias complejas de la pasta de *harissa* agregarán un nivel adicional de sabor a esta ensalada, lo cual es una de las elecciones en la cocina de África del Norte.

Ingredientes

1 taza de cuscús crudo

1 taza de agua caliente

3 zanahorias

3-4 ramas de perejil

1/2 taza de pasitas

1 diente de ajo

1 limón amarillo

2 cucharadas de aceite de oliva

1 cucharadita de sal

1 cucharadita de comino molido

1 cucharadita de paprika

1 cucharadita de pasta harissa (opcional)

Instrumentos Culinarios

Tabla para picar

Tazones

Tenedor

Machacador de ajos

Rallador

Exprimidor de jugos

Cuchillo

Cuchara grande para mezclar

Cucharas medidoras

Olla con tapa

Pelador de verduras

Pasos

1. Calienta el agua en la olla. Cuando el agua comienza a hervir, retire del fuego, agrega el cuscús, cúbrelo y déjalo reposar por 5-10 minutos hasta que el líquido haya sido absorbido. Esponja con un tenedor y déjalo a un lado para enfriar.

2. Ralla las zanahorias con el rallador de cuatro lados.

3. Desprende de los tallos las hojas del perejil y trocéalas o pícalas en pequeñas piezas.

4. Deshace el ajo con el machacador de ajos en un tazón pequeño.

5. Exprime el jugo del limón amarillo y agrégalo al tazón con el ajo. Añade el aceite de oliva, sal, paprika y pasta harissa. Bate con un tenedor.

6. En un tazón grande combina el cuscús, zanahorias, perejil y pasitas.

7. Vacía aderezo sobre la mezcla del cuscús y remuévelo.

Dato Curioso de Marvin

El cuscús está hecho de la sémola de trigo, el mismo trigo que usamos para hacer pasta. El trigo es una de las primeras plantas que fue domesticada por los humanos, hace 11,300 años en el Medio Oriente.

15-25 minutes   Early Summer   Yield: 12 samples

Strawberry and Mint Salad

Strawberries and mint are a delightful combination you may not have tried, but will fall in love with immediately. Sweet, fresh, and a little herby, this colorful duo makes for a great anytime snack. Feel free to add other fruits too, like blueberries and cantaloupe melon.

Ingredients

20 strawberries (about 4 1/2 cups)

12 mint leaves

Cooking Tools:

Big bowl

Cutting board

Knife

Large mixing spoon

Steps

1. Remove the stems from the strawberries and cut into bite-size chucks.

2. Chop or rip the mint into very small pieces.

3. Put the strawberries and mint into a large bowl. Mix well. The more you mix, the more the flavor of the mint will make friends with the flavor of the strawberries.

4. Serve for a fresh treat! (If some whipped cream made it on top, that would not be the worst thing in the world.)

Saeviona's Helpful Hint

Strawberries are the only fruit whose seeds grow on the outside. Each strawberry has around 200 seeds.

Ensalada de Fresas con Menta

Las fresas y la menta forman una combinación deliciosa que quizá no hayas probado y te encantará inmediatamente cuando la pruebes. El dulce, fresco y ligero toque de hierbas hace de este duo bicolor un refrigerio genial para cualquier ocasión. Agrégale otras frutas también, como moras azules y melón.

Ingredientes

20 fresas (cerca de 4 1/2 tazas)

12 hojas de menta

Instrumentos Culinarios

Tazón grande

Tabla para picar

Cuchillo

Cuchara grande para mezclar

Pasos

1. Quita las hojas de las fresas y córta las fresas en trozos medianos.

2. Pica o trocea la menta en piezas muy pequeñas.

3. Coloca las fresas y menta en un tazón grande. Mezcla bien. Entre más mezcles, más sabor de la menta se mezclará con las fresas.

4. ¡Sírvelo como un bocadillo fresco! (Si pones un poco de crema batida encima, no sería lo peor del mundo.)

Consejo Útil de Saeviona

Las fresas son la única fruta que sus semillas crecen por fuera. Cada fresa contiene alrededor de 200 semillas.

Green Bean and Potato Salad with Rosemary

This is not your typical potato salad, laden with mayonnaise. We've taken fresh and crunchy green beans, perfect with vinegar and herbs, and combined them with a take on German potato salad. Tangy, crunchy, and with the satisfying fluff of potatoes, this summer salad is a perfect side for a picnic with friends.

Ingredients

5-7 medium red potatoes

15 green beans

5 parsley stalks

10 chives

2 rosemary sprigs

2 tablespoons olive oil

1 1/2 tablespoons whole-grain mustard

1 tablespoon red wine vinegar

Salt and pepper to taste

Cooking Tools

Bowls

Cutting board

Fork

Knife

Measuring spoons

Pot with lid

Large mixing spoon

Saeviona's Helpful Hint

Try adding hard boiled eggs and tomatoes for a slightly different flavor.

Steps

1. Place potatoes in a large pot and fill with enough water to cover potatoes by 1-2 inches. Cover, bring to a boil, then reduce heat slightly to maintain low boil. Cook for another 15-20 minutes until potatoes are fork tender and then drain.

2. Once the potatoes have cooled, cut into 1 inch cubes and place into the bowl.

3. Cut the raw green beans into 1 inch pieces and add to the bowl.

4. Roughly chop the parsley and chives or rip them with your hands.

5. Strip the rosemary from its stem and mince the leaves.

6. Add the mustard, vinegar, salt and pepper into a small bowl and whisk with a fork to combine. Add the herbs and mix.

7. Pour the mixture over the potatoes and toss together. Make sure to mix well, otherwise you may end up with naked potatoes.

8. Add salt and pepper to taste, and then serve!

🕐 *40-50 minutos*   ☀ *Verano*   *Rendimiento: 15-20 probaditas*

Ensalada de Ejote y Papas con Romero

Esta no es la típica ensalada de papa aderezada con mayonesa. Hemos tomado ejotes frescos y crujientes, que van excelente con el vinagre y las hierbas, y combinado con la ensalada tipo papa Alemana. Picosita, crujiente y con lo esponjoso de las papas, esta ensalada de verano es una guarnición perfecta para un día de campo con los amigos.

Ingredientes

5-7 papas rojas medianas

15 ejotes

5 ramitas de perejil

10 cebollines

2 ramitas de romero

2 cucharadas de aceite de oliva

1 1/2 cucharadas de mostaza de semilla entera

1 cucharada de vinagre de vino tinto

Sal y pimienta al gusto

Instrumentos Culinarios

Tazones

Tabla para picar

Tenedor

Cuchillo

Cucharas medidoras

Olla con tapa

Cuchara grande para mezclar

Consejo Útil de Saeviona

Intenta agregar huevo duro y tomates para darle un sabor ligeramente distinto.

Pasos

1. Coloca las papas en una olla grande y llénala con suficiente agua para cubrir las papas por 1-2 pulgadas. Cúbrelas y llévalas al punto de hervor, luego reduce la temperatura para mantener un hervor bajo. Cocínalas por otros 15-20 minutos hasta que las papas se sientan suaves al pincharlas con un tenedor, y luego escurre el agua.

2. Una vez que las papas se hayan enfriado, córtalas en cubitos de 1 pulgada y colócalas en el tazón.

3. Corta los ejotes crudos en piezas de 1 pulgada y agrégalos al tazón.

4. Pica el perejil y cebollines o trocéalos con tus manos.

5. Agrega la mostaza, vinagre, sal y pimienta a un tazón pequeño y bate con un tenedor para combinar. Agrega las hierbas y mezcla.

6. Vacía la mezcla sobre las papas y combina suavemente. Asegúrate de mezclar bien, de lo contrario quedarán papas sin aderezar.

7. Agrega sal y pimienta al gusto, ¡y luego sirve!

Summer Tabbouleh with Quinoa

Tabbouleh (Tuh-BOO-lee), also spelled tabouli, comes from the Arabic word *tabil*, which means "seasoning". Tabbouleh is a Lebanese salad traditionally made with chopped vegetables and bulgur wheat, but we like to make it with quinoa, too.

Ingredients

1 cup quinoa

2 cups warm water

3 cups tomatoes

2-3 cucumbers

10 chives

5 stems parsley

15 mint leaves

2 tablespoons olive oil

1 clove garlic

2 tablespoons fresh lemon juice

Salt and pepper to taste

Cooking Tools:

Cutting board

Garlic Press

Juicer

Knife

Large bowl

Large mixing spoon

Measuring cups

Measuring spoons

Mortar and pestle

Pot with lid

Steps

1. Pour 2 cups of water and 1 cup of quinoa into a pan, cover, and bring to a boil. Reduce to a simmer and cook for another 15 minutes. Remove from heat and let stand while still covered until it's at room temperature.

2. Dice tomatoes and cucumbers into small pieces.

3. Mince or press garlic.

4. Chop chives, parsley, and mint leaves.

5. Juice the lemon and mix the lemon juice with the garlic, olive oil, chives, mint, parsley, salt and pepper with a mortar and pestle.

6. Mix the quinoa, tomatoes, cucumbers, and herb mixture.

Marvin's Fun Fact

Quinoa, a staple food of the ancient Andean peoples of South America, is not a grain but a seed closely related to beets and spinach.

🕐 *30-45 minutos* ☀ *Verano*   *Rendimiento: 20 probaditas*

Tabulé de Verano con Quinoa

El tabulé, también llamado taboulí, viene de la palabra Árabe *tabil*, la cual significa "condimentar". El tabulé es una ensalada tradicional Libanesa preparada con verduras picadas y trigo hervido, pero también nos gusta prepararlo con quinoa. Agrégale otras frutas, como moras azules y melón.

Ingredientes

1 taza de quinoa

2 tazas de agua tibia

3 tazas de tomates picados

2-3 pepinos

10 cebollines

5 ramitas de perejil

15 hojas de menta

2 cucharadas de aceite de oliva

1 diente de ajo

2 cucharadas de jugo fresco de limón amarillo

Sal y pimienta al gusto

Instrumentos Culinarios

Tabla para picar

Machacador de ajos

Exprimidor de jugos

Cuchillo

Tazón grande

Cuchara grande para mezclar

Tazas medidoras

Cucharas medidoras

Mortero y mazo

Olla con tapa

Pasos

1. Vacía las 2 tazas de agua y una taza de quinoa en una olla, cúbrela y deja que hierva. Una vez que empiece a hervir, reduce la temperatura y déjalo hirviendo por unos 15 minutos. Retira del fuego y déjalo cubierto reposando hasta que obtenga una temperatura ambiente.

2. Pica los tomates y pepinos en piezas pequeñas.

3. Pica o machaca el ajo.

4. Pica los cebollines, el perejil y las hojas de menta.

5. Extrae el jugo del limón amarillo y mézclalo con el ajo, aceite de oliva, cebollines, menta, perejil, sal y pimienta en el mortero y mazo.

6. Combina la quinoa, tomates, pepinos y la mezcla de hierbas.

Dato Curioso de Marvin

La quinoa es un alimento base de la población ancestral Andina de Sudamérica, no es un grano pero es una semilla conectada con la remolacha y espinaca.

Squash Ribbon Salad

When dressed with herbs and a dash of parmesan cheese, squash ribbons make a satisfying substitute for pasta. Use a spiralizer to make spaghetti-shaped ribbons, or a vegetable peeler for wide, flat, lasagna-style noodles.

Ingredients

1 medium summer squash or zucchini

6 basil leaves

6 chives

2 sprigs thyme

1 tablespoon olive oil

1/2 lemon

1/4 teaspoon salt

1/4 teaspoon pepper

Red pepper flakes (optional)

Parmesan cheese (optional)

Cooking Tools:

Bowls

Cutting board

Grater

Knife

Juicer

Measuring spoons

Large mixing spoon

Vegetable peeler or spiralizer

Steps

1. Use the vegetable peeler or spiralizer to make long strips of squash. If the squash is on the larger side, peel off the skin because it is probably tough and bitter.

2. Juice half of a lemon. In a small bowl, mix the olive oil, lemon juice, salt and pepper. You can add some red pepper flakes if you want to spice it up.

3. Strip the thyme leaves and discard the stems. Chop or rip the basil and chives into very small pieces.

4. Toss the squash pasta with the herbs and olive oil-lemon mixture until everything is well mixed.

5. If you would like, add a little grated parmesan cheese.

Marvin's Fun Fact

The word "squash" comes from a Native American word, askutasquash, that means "a green thing eaten raw."

Ensalada de Listones de Calabaza

Cuando aderezas con hierbas y un toque de queso parmesano, los listones de calabazas amarillas son un gran sustituto de la pasta. Utiliza un rallador en espiral para hacer listones en forma de espagueti, o un pelador de verduras para obtenerlos más anchos y planos como la pasta para lasaña. Agrégale otras frutas también, como moras azules y melón.

Ingredientes

1 calabaza amarilla o calabacín mediano

6 hojas de albahaca

6 cebollines

2 ramitas de tomillo

1 cucharada de aceite de oliva

1/2 limón amarillo

1/4 cucharadita de sal

1/4 cucharadita de pimienta

Hojuelas de pimiento rojo (opcional)

Queso parmesano (opcional)

Instrumentos Culinarios

Tazones

Tabla para picar

Rallador

Cuchillo

Exprimidor de jugos

Cucharas medidoras

Cuchara grande para mezclar

Pelador de verduras o rallador en espiral

Pasos

1. Utiliza un pelador de verduras o un rallador en espiral para hacer tiras largas de calabaza. Si la calabaza es bastante grande pela la cáscara porque probablemente es gruesa y amarga.

2. Exprime el jugo de medio limón amarillo. Mezcla el aceite de oliva, jugo de limón amarillo, sal y pimienta en un pequeño tazón. Puedes agregar hojuelas de pimiento rojo si deseas condimentarlo.

3. Deshoja las ramitas del tomillo y desecha los tallos. Pica o trocea la albahaca y cebollines en pequeñas piezas.

4. Combina la pasta de calabaza con las hierbas y la mezcla de aceite y limón amarillo hasta que todo esté bien mezclado.

5. Si deseas, agrega un poco de queso parmesano rallado.

Dato Curioso de Marvin

La palabra "squash" (calabaza en español) proviene de la palabra de los nativos americanos askutasquash, que significa "una cosa verde que se come cruda."

Kale and Apple Autumn Salad

This seasonal salad is a great way to use the fruits and veggies that are plentiful in the fall months.

Ingredients

10-12 kale leaves

2 tablespoons olive oil

2 tablespoons apple cider vinegar or chive blossoms vinegar (page 13)

2 teaspoons Dijon mustard

1/4 teaspoon salt

1 apple

5 chives

1 carrot

2 tablespoons sunflower seeds

Cooking Tools:

Bowl

Cutting board

Grater

Knife

Measuring spoons

Large mixing spoon

Resealable plastic bag

Steps

1. Remove the stems of the kale and rip the leaves into small bite-sized pieces; put in the plastic bag.

2. Mix the olive oil, apple cider vinegar, salt, and dijon mustard in a bowl. Add the dressing to the plastic bag and seal. Massage the dressing into the kale until the greens turn a darker shade of green and start to wilt.

3. Pour the kale into the bowl.

4. Cut the apples into small bite-sized cubes.

5. Chop or tear the chives into small pieces.

6. Grate the carrots.

7. Mix the carrots, sunflower seeds, chives, and apples with the kale.

Marvin's Fun Fact

Did you know that apples are 25 percent air? That's why they float in water.

Ensalada del Otoño con Col y Manzana

Esta ensalada de temporada es una magnífica forma de usar frutas y verduras que son abundantes durante los meses del otoño.

Ingredientes

10-12 hojas de col

2 cucharadas de aceite de oliva

2 cucharadas de vinagre de manzana o vinagre de flores de cebollín (página 14)

2 cucharaditas de mostaza Dijon

1/4 cucharaditas de sal

1 manzana

5 cebollín

1 zanahoria

2 cucharadas de semillas de girasol

Instrumentos Culinarios

Tazón

Tabla para picar

Rallador

Cuchillo

Cucharas medidoras

Cuchara grande para mezclar

Bolsa de plástico hermética

Pasos

1. Retira los tallos de la col y trocea las hojas en pequeñas piezas; colócalas en la bolsa de plástico.

2. Mezcla en un tazón, el aceite de oliva, vinagre de manzana, sal y mostaza Dijon. Agrega el aderezo a la bolsa hermética de plástico y ciérrala. Masajea el aderezo en las hojas de col hasta que el verde luzca más oscuro y comiencen a marchitarse.

3. Vacía la col rizada en el tazón.

4. Corta las manzanas en cubitos pequeños (del tamaño de una mordida).

5. Pica o trocea los cebollines en pequeñas piezas.

6. Ralla las zanahorias.

7. Mezcla las zanahorias, semillas de girasol, cebollines y manzanas con la col.

Dato Curioso de Marvin

¿Sabías que las manzanas contienen 25% de aire? Es por eso que flotan en el agua.

Snacks

—

QUICK LITTLE BITES

Refrigerios

BOCADITOS SENCILLOS

20-30 minutes   Fall   Yield: 10-12 balls

Seed Balls

Seeds aren't just for squirrels and birds - they're a healthy snack for humans too. These balls are a yummy, nutty snack that are packed with protein and great for making with even the littlest chefs.

Ingredients

1/4 cup sunflower butter
or peanut butter

2 tablespoons honey

2 tablespoons rolled oats

2 tablespoons raisins

1/4 cup shelled sunflower seeds
(raw or roasted)

1/4 cup flax seeds

1/4 cup sesame seeds

Cooking Tools:

Mixing bowls

Measuring cups

Measuring spoons

Plates

Spoon

Steps

1. Add sunflower or peanut butter, honey, oats and raisins to mixing bowl. Mix until it forms a dough.

2. Sprinkle sunflower seeds, flax and sesame seeds on a clean plate.

3. Roll a small amount of dough between palms to form a ball, shooting for about 1 inch (sizes will vary by hand size).

4. Roll the ball in the plate of seeds to coat. Be prepared for some sticky fingers.

Marvin's Fun Fact

A sunflower is actually made up of thousands of tiny flowers and is in the same family as lettuce.

Bolitas de Semilla

Las semillas no solo son para las ardillas y pájaros - las semillas también son muy saludables para los humanos. Estas bolitas son riquísimas, un refrigerio de nueces lleno de proteína y son magníficas para preparalas con pequeños cocineros.

Ingredientes

1/4 taza de mantequilla de girasol o de cacahuate

2 cucharada de miel

2 cucharada hojuelas de avena

2 cucharada pasitas

1/4 taza de semillas de girasol peladas (crudas o tostadas)

1/4 taza de semillas de linaza

1/4 taza semillas de sésamo

Instrumentos Culinarios

Tazones para mezclar

Tazas medidoras

Cucharas medidoras

Platos

Cuchara

Pasos

1. En un tazón agrega mantequilla de semillas de girasol o de cacahuate, miel, hojuelas de avena y pasitas. Mezcla hasta obtener una consistencia de masa.

2. Rocía las semillas de girasol, linaza y sésamo en un plato.

3. Tome una pequeña cantidad de masa enter las palmas y forma una bola, de aproximadamente una pulgada (los tamaños variarán según el tamaño de la mano).

4. Coloca la bolita en el plato con las semillas y rodala para cubrirla de semillas. Prepárate para tener tus dedos pegajosos.

Dato Curioso de Marvin

Un girasol está formado por miles de florecitas y es de la misma familia de la lechuga.

🕐 *30-45 minutes* 🌷 *Spring* 🍂 *Fall* Yield: *20 slices*

Radish and Savory Cream Spread Bites

Savory whipped cream might sound a little odd, but trust us - it's awesome. Think herb butter, but with a lighter consistency. Cool, crunchy radishes and a creamy spread topped on a chewy baguette is just about the perfect bite.

Ingredients

4 sprigs thyme

10 chives

5 basil leaves

1 cup cold, heavy whipping cream

1/4 teaspoon salt

10 radishes

A pinch of pepper

Bread, sliced into thin pieces (recommended: baguette)

Cooking Tools

Cutting board

Grater

Knife

Mason jar (pint size)

Measuring cups

Measuring spoons

Spoon

Steps

1. Strip the thyme leaves from the stems and discard the stems. Using your hands, rip the chives and basil into small pieces or use the knife and cutting board to mince.

2. Pour your heavy whipping cream in the mason jar (fill it halfway), add salt, and seal it tight. Shake the jar for about 15 minutes or until the mixture becomes thick and spreadable. This task is tiring, so be sure to ask for help from friends.

3. Once the cream has begun to solidify you can add the chives (set aside a tablespoon of chives to sprinkle on top), thyme, basil, and a pinch of pepper in your jar.

4. Shred the radishes using the grater.

5. Spread your homemade herb cream onto your bread slices and top with the radishes and the remaining chives.

Saeviona's Helpful Hint

When shaking, try dropping two clean marbles in with your heavy cream to speed up the process.

30-45 minutos   Primavera ⊘ Otoño   Rendimiento: 20 rebanadas

Bocaditos de Rábanos con Salsa Cremosa

La crema batida que essalada suena un poco extraña pero créenos - es increíble. Piensa en una crema de hierbas pero con una consistencia más ligera. Rábano fríos y crujientes con crema untada sobre un pan baguette es casi un bocado perfecto.

Ingredientes

4 ramitas de tomillo

10 cebollines

5 hojas de albahaca

1 taza de crema espesa para batir fría

1/4 cucharadita de sal

10 rábanos

Una pizca de pimienta

Pan, en rebanadas delgaditas (se recomienda usar baguette)

Instrumentos Culinarios

Tabla para picar

Rallador

Cuchillo

Frasco de vidrio (500ml aprox.)

Tazas medidoras

Cucharas medidoras

Cuchara

Pasos

1. Deshoja las ramitas de tomillo y desecha los tallos. Usando tus manos, trocea los cebollines y la albahaca en pequeñas piezas o utiliza el cuchillo y tabla para picar y pícalos.

2. Vacía la crema espesa para batir en el frasco de vidrio (llénalo hasta la mitad), agrega sal y ciérralo. Agita el frasco por 15 minutos o hasta que la mezcla se haga espesa y untable. Esta tarea es cansadora, por eso asegúrate de pedir ayuda a tus amigos.

3. Una vez que la crema empiece a espesarse puedes agregar al frasco los cebollines (separa una cucharada de cebollines para rociar encima), tomillo, albahaca y una pizca de pimienta.

4. Ralla los rábanos utilizando el rallador.

5. Unta tu crema casera de hierbas sobre las rebanadas de pan y agrega los rábanos y el resto de los cebollines.

Consejo Útil de Saeviona

Cuando agites, prueba incluyendo dos canicas limpias dentro de la crema espesa para acelerar el proceso.

Bug Snacks

Everyone likes to play with their food, so why not embrace it? Be like a bird and eat some delicious bugs. This recipe is a great way to learn about the different parts of an insect.

Ingredients

1 large zucchini or cucumber

1/2 cup cream cheese

20 thin crackers

1 cup small pretzels

2 or more of the following: raisins, sunflower seeds, dried cranberries, pumpkin seeds, carrot sticks

Cooking Tools:

Cutting board

Knife

Measuring cups

Saeviona's Helpful Hint

If anyone needs wings for their insect, try making them out of Swiss chard or lettuce.

Steps

1. Cut the zucchini into thin circles.

2. Smear a bit of cream cheese on a mixture of veggies circles and crackers.

3. Place three crackers or vegetable rounds in a row to form the bug's body.

4. Break pretzels until only the curved portions remain. The pretzels will become curved legs!

5. Put six pretzel 'legs' in the cream cheese. If desired, also use some of the pretzels as antennas. Then use the seeds, nuts or dried fruit to decorate the bug with eyes, bumps, and dots.

6. Now take a bite out of these wiggly creations!

Bocadillos de Bichos

A cada uno le gusta jugar con su comida, entonces ¿por qué no apropiarse? Pretende ser pájarito y come un poco de bichos deliciosos. Esta receta es una forma genial para aprender las diferentes partes de los insectos.

Ingredientes

1 calabacín o pepino grande

1/2 taza de crema queso

20 galletas saladas delgaditas

1 cup pretzels pequeños

2 ó más: pasitas, semillas de girasol, arándanos deshidratados, pepitas, tiritas de zanahorias

Instrumentos Culinarios

Tabla para picar

Cuchillo

Tazas medidoras

Consejo Útil de Saeviona

Si alguien necesita alas para su insecto, intenta hacer unas usando acelga o lechuga.

Pasos

1. Corta el calabacín en rodajas delgaditas.

2. Unta un poco del queso crema en una variedad de rodajas de verduras y galletas saladas.

3. Encima tres galletas saladas o rodajas de verduras para formar el cuerpo del insecto.

4. Rompe los pretzels hasta obtener solo las partes curvas. ¡Los se convertirán en las patas curveadas!

5. Coloca seis "patas" de pretzel en el queso crema. Si deseas, también puedes usar algunos pretzels como antenas. Luego utiliza las semillas, nueces o fruta deshidratada para decorar al insecto con ojos, bolas o puntos.

6. ¡Ahora dale una mordida a estas creaciones ondeadas!

 20-30 minutes   Summer   *Yield: 6 "pizzas"*

Hummus "Pizza"

Simply calling something pizza is a good way to lure kids into trying new foods. This no-cook pizza is not only a tempting treat, but it is also edible art! Make faces, mandalas, or whatever comes to the imagination.

Ingredients

1 cup hummus

6 small whole wheat pitas

4 basil leaves

6 chives

2 carrots

1 cucumber or squash

15 cherry tomatoes

Cooking Tools:

Cutting board

Knife

Measuring cup

Steps

1. Take one pita and spread enough hummus evenly to coat the top (like spreading tomato sauce).

2. Chop or rip the basil and chives into very small pieces.

3. Shred the carrots and slice the other veggies into small bite-sized pieces.

4. Take the vegetables and arrange them on top of the hummus. You can add as many vegetables as you want. Get creative and use your veggies to make a face.

5. Add herbs to the pizza. Chives are good for eyebrows and eyelashes.

6. If sharing, cut the pizzas in half or in quarters.

7. Bite into the pizza and savor! No cooking and it's delicious.

Saeviona's Helpful Hint

Have kids make up a story about their hummus pizza face before eating it.

"Pizza" de Hummus

Dar simplemente el nombre de "pizza" a algo es una buena manera de atraer a los niños para probar alimentos nuevos. Esta pizza no se hornea y no solo es un delicia atractiva, sino también ies una obra de arte! Crea caras, mandalas o cualquier idea que cree tu imaginación.

Ingredientes

1 taza de hummus

6 panes de pita integrales pequeños

4 hojas de albahaca

6 cebollines

2 zanahorias

1 pepino o calabaza

15 tomates cereza

Instrumentos Culinarios

Tabla para picar

Cuchillo

Taza medidora

Consejo Útil de Saeviona

Pídele a los niños crear un cuento acerca de su cara de pizza de hummus antes de comerla.

Pasos

1. Toma un pan de pita y úntale suficiente hummus de forma uniforme para crear una capa (úntalo como si fuera la salsa de tomate).

2. Pica o trocea las hojas de albahaca y los cebollines en piezas muy pequeñas.

3. Ralla las zanahorias y rebana las otras verduras en piezas del tamaño de una mordida.

4. Toma las verduras y ordénalas sobre el hummus. Puedes agregar todas las verduras que desees. Se creativo y utiliza las verduras para formar caras.

5. Añade las hierbas a la pizza. Los cebollines funcionan bien para las pestañas y cejas.

6. Si estás compartiendo las pizzas, córtalas por la mitad o en cuartos.

7. ¡Muerde la pizza y saborea! No se hornea y es deliciosa.

4 hours 30 minutes   ☼ Summer   *Yield: 15-20 quickles*

Quickles

Who doesn't love a good pickle? Quickles, also known as refrigerator pickles, are an easy way to pickle some of your garden veggies without the intensive pickling process. This recipe can also be a great way for kids to experiment with different seasoning combinations and vote on which versions are the best.

Ingredients

4 radishes

2 cucumbers

1 cup apple cider vinegar, white wine vinegar, red wine vinegar or chive blossoms vinegar (page 13)

1 cup water

1 tablespoon salt

1/3 cup sugar

3 cloves garlic

1 tablespoon pickling spices

1/3 chili pepper, sliced

Cooking Tools:

Cutting board

Knife

Mason jar - 1 quart size

Measuring cups

Measuring spoons

Pot with lid

Steps

1. Slice the radishes into rounds.

2. Slice the cucumbers in half, lengthwise, and then cut into 1/2 inch slices.

3. Fill a quart mason jar with your radishes and cucumbers.

4. Place all of your other ingredients into a pot and bring to a boil for 5 minutes.

5. Pour the brine liquid into the mason jar until the vegetables are covered. Seal with lid.

6. Let the mason jar cool somewhat before putting it into the refrigerator.

7. Quickles should be ready to eat in about 4 hours, or the next day.

Marvin's Fun Fact

Cucumbers are mostly water (96%), so they make a perfect hot weather snack.

Encurtidos Rápidos

¿A quién no le gusta un buen pepinillo? Los encurtidos rápidos son también conocidos como los pepinillos del refrigerador, es una forma sencilla de conservar en vinagre algunas de las verduras del jardín sin tener que realizar todo el proceso intensivo del encurtido. Esta receta también puede ser una gran forma para que los niños experimenten con diferentes combinaciones de condimentos y votar por las mejores versiones.

Ingredientes

4 rábanos

2 pepinos

1 taza de vinagre de manzana, vinagre blanco, vinagre de vino tinto o vinagre de flores de cebollines (página 14)

1 taza de agua

1 cucharada de sal

1/3 taza de azúcar

3 dientes de ajo

1 cucharada de especias para curtidos

1/3 chile rebanado

Instrumentos Culinarios

Tabla para picar

Cuchillo

Frasco de vidrio (aprox. un litro)

Tazas medidoras

Cucharas medidoras

Olla con tapa

Pasos

1. Rebana los rábanos en rodajas.

2. Corta los pepinos por la mitad a lo largo, y luego córtalos en rodajas de 1/2 pulgada.

3. Llena un frasco de 1 litro con los rábanos y pepinos.

4. Coloca todos los demás ingredientes en una olla y ponlos a hervir por 5 minutos.

5. Vacía la salmuera líquida en el frasco de vidrio hasta que las verduras queden cubiertas. Cierra con una tapa.

6. Deja el frasco enfriar suficiente antes de meterlo al refrigerador.

7. Los encurtidos rápidos deberían quedar listos para comer en alrededor de 4 horas o al siguiente día.

Dato Curioso de Marvin

Los pepinos están formados en su mayoría de agua (96%), eso los hace un perfecto refrigerio para el clima cálido.

1 hour *Spring*  *Fall* *Yield: 20 samples*

Ethiopian Collard Greens

Ye'abasha Gomen is a traditional Ethiopian dish. Cooking the greens a long time is imperative to having tender and tasty collards. For the full effect, serve with *injera*, a traditional Ethiopian flatbread.

Ingredients

12-15 collard green leaves

2 cloves garlic

1 medium red onion

2 tablespoons olive oil

4 medium hot peppers, such as jalapenos or Anaheim green peppers

1/2 teaspoon paprika

1/2 teaspoon cumin

1/2 teaspoon salt

1 cup water

Cooking Tools:

Cutting board

Knife

Measuring cups

Measuring spoons

Saute pan or wide pot with lid to fit

Spatula

Steps

1. Wash collard greens, remove stems, and cut leaves into thin strips.

2. Finely mince the garlic cloves.

3. Slice the red onion into thin strips.

4. Slice the hot peppers.

5. Heat the oil in a medium pan and cook the onions until soft and clear.

6. Add the spices, salt, peppers, and garlic to the pan and cook until the peppers have softened.

7. Finally, add the collard greens and water. Cover and let simmer until soft and the water has mostly evaporated, about 45 minutes. (Note: if the water evaporates before the greens are tender, add another 1/2 cup of water to the pan.)

8. Serve with traditional flatbread or however you prefer.

Marvin's Fun Fact

Collard greens are most flavorful after the first frost of the season.

1 hora  *Primavera* ⊘ *Otoño* *Rendimiento: 20 probaditas*

Col Rizada Etíope

Ye'abasha Gomen es un platillo tradicional Etíope. Cocinar la col rizada por un periodo largo de tiempo asegura su ternura y buen sabor. Para mejores resultados, sirve con *injera* el pan tradicional Etíope.

Ingredientes

12-15 hojas de col rizada

2 dientes de ajo

1 cebolla morada mediana

2 cucharadas de aceite de oliva

4 chiles picosos medianos, como jalapeños o chiles Anaheim

1/2 cucharadita de paprika

1/2 cucharadita de comino

1/2 cucharadita de sal

1 taza de agua

Instrumentos Culinarios

Tabla para picar

Cuchillo

Tazas medidoras

Cucharas medidoras

Sarten u olla con tapa

Espátula

Pasos

1. Lava la col rizada, retira los tallos y corta las hojas en tiras delgadas.

2. Pica finamente los dientes de ajo.

3. Rebana la cebolla morada en tiras delgadas.

4. Rebana los chiles picosos.

5. Caliente el aceite en un sartén mediano y cocina la cebolla hasta que esté suave y traslúcida.

6. Agrega al sartén las especias, sal, pimienta y ajo y cocínalas hasta que los chiles estén suaves.

7. Finalmente agrega la col rizada y el agua. Cúbrelas y déjala hervir a baja temperatura hasta que su textura sea suave y la mayoría el agua se haya evaporado, alrededor de 45 minutos. (Nota: si el agua se evapora antes de que las hojas estén tiernas, agrega otra 1/2 taza de agua al sartén.)

8. Sirve con el pan tradicional o con cualquier de tu preferencia.

Dato Curioso de Marvin:

La col rizada tiene más sabor después de la primera helada de la temporada.

Meals

FOOD DONE FAMILY-STYLE

Platillos Principales

ALIMENTOS PREPARADOS
AL ESTILO FAMILIAR

Chive Pancakes

Somewhere between a pancake and a crepe, these chive pancakes make for a great snack any time of day, or round them out with a salad for a light meal.

Ingredients

1 1/2 cups rice flour or all-purpose flour

1/2 teaspoon salt

2 tablespoons toasted sesame seeds

1/2 cup full-fat coconut milk

3/4 cup water (add more if needed to thin)

6 large eggs

2/3 cup minced chives

1 teaspoon coconut oil

Ingredients for Dipping Sauce

1 teaspoon ginger

1 tablespoon lime juice

1/2 teaspoon sesame oil

1/4 cup soy sauce

Pinch of red pepper flakes

Cooking Tools:

Bowl

Cutting board

Grater

Knife

Measuring cups

Measuring spoons

Pan

Paper towels

Plate

Spatula

Whisk

Steps

1. In a large mixing bowl, combine the flour, salt and sesame seeds.

2. In separate bowl, whisk together the coconut milk, water, eggs, and chives. Pour this mixture over the flour mixture and stir until combined and lump-free. Let sit for 5 minutes, stir again, and now thin with more water, a small splash at a time, until the batter is thin enough to quickly spread across a pan - the consistency of runny yogurt. Getting the consistency of the batter right, is the key to successful cooking. If it's too thick on your first attempt, simply add a dash more water.

3. To cook the pancakes, heat a large skillet or saute pan over medium heat. Melt the coconut oil, and pour a scant 1/4 cup of batter to provide a thin coating. As you pour, rotate the pan in a circle so the batter runs to cover the entire bottom.

4. Cook until deeply golden, and the edges of the pancake begin to curl and lift. Flip and brown the second side. Place cooked pancake on a paper-towel-lined plate and cover with a clean towel while you cook the rest of the batter; or even better, serve immediately with dipping sauce. (Leftover batter keeps well in the refrigerator for a few days. Stir and thin with a bit of water before using.)

Panqueques de Cebollín

Algo entre un panqueque y una crepa, estos panqueques de cebollín son un refrigerio genial para cualquier día o pueden ser acompañados por una ensalada para una comida ligera.

Ingredientes

1 1/2 taza de harina de arroz o harina blanca

1/2 cucharadita de sal

2 cucharadas de semillas de sésamo tostadas

1/2 taza de leche entera de coco

3/4 taza de agua (agrega más si es necesario aligerar la consistencia)

6 huevos grandes

2/3 taza de cebollines picados

1 cucharadita de aceite de coco

Ingredientes para la Salsa

1 cucharadita de jengibre

1 cucharada de jugo de limón verde

1/2 cucharadita de aceite de sésamo

1/4 taza de salsa de soya

Pizca de hojuelas de pimiento rojo

Instrumentos Culinarios

Tazón

Tabla para picar

Rallador

Cuchillo

Tazas medidoras

Cucharas medidoras

Sartén

Toallas de papel

Plato

Espátula

Globo

Pasos

1. En un tazón para mezclar grande, combina la harina, sal y semillas de sésamo.

2. En un tazón por separado, combina la leche de coco, agua, huevos y cebollines todos juntos. Vacía esta mezcla sobre la mezcla de harina y mezcla hasta combinar, asegura que no queden grumos. Deja reposar por 5 minutos, mezcla nuevamente; dale una salpicada de agua, hasta que la masa esté suficiente ligera para fácilmente untarse en todo el sartén - la consistencia es de un yogurt líquido. Obtener la consistencia ideal de la masa es la clave para el éxito de este plato. Si en tus primeros intentos es muy espesa, simplemente agrega una pizca de agua.

3. Para cocinar los panqueques, caliente un sartén grande a temperatura media. Derrite el aceite de coco y vacía un 1/4 de taza escasa de la masa para cubrir ligeramente. Conforme viertes la mezcla, rota el sartén en círculos para que la masa escurra para cubrir toda la superficie.

4. Cocínalo hasta que luzca dorado y las orillas del panqueque comience a torcerse. Voltéalo y dora el otro lado. Coloca el panqueque en una toalla de papel sobre un plato y cúbrelo con una toalla limpia mientras que cocinas el resto de la masa; o aún mejor, sirve inmediatamente con la salsa para acompañar. (La masa sobrante se mantiene en buena condición por unos días en el refrigerador. Mezcla y aligera con un poquito de agua antes de usarla.)

Bok Choy Stir Fry

A stir-fry is a great way to pack in lots of vegetables. Here we've pumped up the flavor with sesame oil, soy sauce, ginger, and garlic. Bok Choy, a milder member of the cabbage family, is a great green to introduce to young eaters.

Ingredients

1 tablespoon sesame oil

2 cloves garlic

1 inch ginger

1/4 cup low sodium soy sauce

1 tablespoon cornstarch

2 tablespoons brown sugar

1/4 cup lemon juice

1 tablespoon vegetable oil

2 cups bok choy

1/2 cup shredded carrots

1/2 cup shelled edamame

1/2 medium onion

1/2 red pepper

Cooking Tools:

Bowls

Cutting board

Knife

Large pan

Measuring cups

Measuring spoons

Large mixing spoon

Vegetable peeler

Steps

1. Mince the garlic. Peel and mince the ginger. Saute the ginger and garlic in hot sesame oil over medium-high heat for 30 seconds. Add the soy sauce, lemon juice and sugar. Mix quickly.

2. Add the cornstarch while stirring until it has dissolved and the sauce is thick. Pour into a bowl and set aside for later.

3. Prepare the vegetables by chopping up the onion, red pepper, and bok choy. Shred the carrots with a peeler.

4. In the same large pan used for the sauce, heat vegetable oil over high heat. Add the onions and saute for about one minute. Add the red pepper and edamame to the mix. Lastly, add bok choy and carrots.

5. Make sure to stir the vegetables really well so they all get a chance to shine. Continue stirring until the bok choy has reduced in size and is bright green.

6. Once all of the vegetables have cooked through, mix the stir fry with the prepared sauce and serve over rice or noodles.

30-40 minutos    Primavera   Otoño   Rendimiento: 15-20 probaditas

Sofrito de Col China

Un sofrito es una manera genial de cocinar muchas verduras juntas. Hemos aumentado al sabor con el aceite de sésamo, salsa de soya, jengibre y ajo. La col china es un miembro lejano de la familia de las calabazas, es una verdura con hojas y es genial introducirla a los comensales jóvenes.

Ingredientes

1 cucharada de aceite de sésamo

2 dientes de ajo

1 pulgada de jengibre fresco

1/4 taza de salsa de soya baja en sodio

1 cucharada de maicena

2 cucharada de azúcar morena

1/4 taza de jugo de limón amarillo

1 cucharada de aceite vegetal

2 tazas de col china

1/2 taza de zanahorias ralladas

1/2 taza de edamames pelados

1/2 cebolla mediana

1/2 pimiento rojo

Instrumentos Culinarios

Tazones

Tabla para picar

Cuchillo

Olla grande

Tazas medidoras

Cucharas medidoras

Cuchara grande para mezclar

Pelador de verduras

Pasos

1. Pica el ajo. Pela y pica el jengibre. Sofríe el jengibre y el ajo en aceite de sésamo caliente a temperatura media-alta por 30 segundos. Agrega la salsa de soya, jugo de limón amarillo y azúcar morena. Mezcla rápidamente.

2. Agrega la maicena y sigue mezclando hasta que se haya disuelto y la salsa se haya espesado. Vacía la mezcla a un tazón y déjala a un lado para más tarde.

3. Prepara las verduras, picándo la cebolla, pimiento rojo y col china. Ralla las zanahorias con un pelador.

4. En la misma olla grande que usaste para la salsa, calienta el aceite vegetal a temperatura alta. Agrega las cebollas y sofríelas por aproximadamente un minuto. Agrega a la mezcla el pimiento rojo y edamame. Por último, agrega la col china y las zanahorias.

5. Asegúrate de mezclar muy bien las verduras para que todas tengan la oportunidad de brillar. Continúa mezclando hasta que la col china reduzca de tamaño y tome un color verde brillante.

6. Una vez que todas las verduras se hayan cocinado completamente, mezclalas con la sala preparada y sirvelas sobre arroz o tallarines.

 30-45 minutes   Spring   Summer ∅ Fall Yield: 15-20 samples

Thai Carrot Ginger Pasta

This dish is magically both comfort food and a healthy way to get your veggies. If you are cooking with a group of kids, try breaking up into three groups for sauce making, vegetable cutting, and herb preparation.

Ingredients

4 large carrots

1 large cucumber

1 1/2 cups cooked rice noodles

5 cilantro stems

8 chives

Ingredients for the Ginger Sauce

2 tablespoons sunflower butter or peanut butter

4 tablespoons coconut milk

2 tablespoons soy sauce

1 teaspoon chili garlic sauce

1-2 large cloves garlic

1 inch fresh ginger

1 tablespoon lime juice

Salt to taste

Cooking Tools

Bowls

Cutting board

Knife

Measuring spoons

Large mixing spoon

Spiralizer or vegetable peeler

Whisk

Steps

1. Start by peeling the carrots, then using the spiralizer, create long curly "noodles" from both the carrots and cucumber. If you are using a peeler instead of a spiralizer, peel the vegetables in long strips to make straight "noodles."

2. Chop up the cilantro and chives and gently toss together vegetable noodles, rice noodles, and herbs in a large bowl.

3. Mince your garlic. Peel and mince the ginger. Then in a separate bowl, whisk together the rest of your sauce ingredients until well blended. Add ginger, garlic, and salt to taste.

4. Pour the ginger sauce over your noodles and toss one more time!

Saeviona's Helpful Hint

Try adding collards, kale, beans, or peas depending on what's in season.

Pasta Thai con Jengibre y Zanahorias

Este platillo tiene magia por dos razones, es un alimento clásico y es una forma saludable para comer tus verduras. Si estás cocinando con un grupo de niños, intenta dividirlos en tres grupos, para la preparación de la salsa, el picado de verduras y la preparación de las hierbas.

Ingredientes

4 zanahorias grandes

1 pepino grande

1 1/2 tazas de tallarines de arroz cocidos

5 ramitas de cilantro

8 cebollines

Ingredientes para la Salsa de Jengibre

2 cucharadas de crema de girasol
o de cacahuate

4 cucharadas de leche de coco

2 cucharadas de salsa de soya

1 cucharadita de salsa de ajo picante

1-2 dientes de ajo grandes

1 pulgada de jengibre fresco

1 cucharada de jugo de limón

Sal al gusto

Instrumentos Culinarios

Tazones

Tabla para picar

Cuchillo

Cucharas medidoras

Cuchara grande para mezclar

Rallador en espiral o pelador de verduras

Globo

Pasos

1. Comienza pelando las zanahorias, luego usa el rallador en espiral para crear tallarines curvos y largos con las zanahorias y el pepino. Si estás utilizando el pelador en lugar del rallador en espiral, pela las verduras en tiras largas para crear "tallarines" rectos.

2. Pica el cilantro y los cebollines, y suavemente combina los tallarines de verduras, tallarines de arroz y las hierbas en un tazón.

3. Pica el ajo. Pela y pica el jengibre. Luego en un tazón por separado, bate el resto de los ingredientes de la salsa todos juntos hasta lograr una mezcla uniforme. Agrega el jengibre, ajo y la sal al gusto.

4. Vierte la salsa de jengibre sobre tus tallarines y mezcla una vez más!

Consejo Útil de Saeviona

Prueba agregar col rizada, acelgas o guisantes, dependiendo de lo que haya de temporada.

45 minutes   ☼ Summer   *Yield: 32 bite-sized sushi rolls*

Vegetable Sushi Rolls

Sushi may seem intimidating, but never fear! Once you get the hang of it, you'll be a sushi-making pro. Feel free to swap out different veggies in place of the cucumber and carrot, but keep the avocado - the creaminess keeps the sushi from being too dry.

Ingredients

2/3 cup uncooked short grain rice (brown or white)

3 tablespoons rice vinegar

3 tablespoons white sugar

1 1/4 teaspoons salt

4 full sheets nori (seaweed sheets)

1/2 cucumber

1/3 carrot

1/2 avocado

Cooking Tools:

Cutting board

Knife

Measuring cups

Measuring spoons

Vegetable peeler or grater

Pot with lid

Small bowl

Spoon

Sushi mat or parchment paper

Marvin's Fun Fact

Sushi originated from a common practice in China of preserving meat and fish by wrapping it in rice to ferment it. The rice was then thrown away and people would eat the meat and fish.

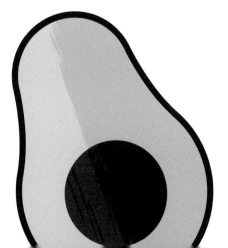

Steps

1. In a medium pot, bring 1 1/3 cups of water to a boil. Add the uncooked rice and stir. Reduce heat, cover and simmer for 20 minutes or until water has evaporated and rice is soft. Let stand while covered for 10 minutes.

2. In a small bowl, combine the vinegar, sugar and salt. Gradually add the sauce into the warm rice, mixing as you go so the rice is evenly coated. Set aside to cool. (When using precooked rice, heat up the sauce mixture to help dissolve the sugar.)

3. Prep the vegetables. Peel and slice both the cucumber and carrot into long thin strips (the carrots can also be grated). Halve the avocado and slice into long strips.

4. Cut the 4 full nori sheets in half, making 8 rectangular sheets.

5. Place one of the smaller nori sheets onto the sushi mat or parchment paper. Align the long edge of the nori sheet with the bottom edge of the mat or paper. Using wet hands, extend a thin layer of rice across the bottom half of the nori. Arrange a narrow line of cucumber, carrot, and avocado on top of the rice.

6. Lift the bottom edge of the sushi mat or parchment paper and gently roll it over the ingredients, encasing the vegetables in rice. Press down firmly to pack the rice and ingredients into a log.

7. Wet the top edge of the nori with water to help the roll stick together and finish rolling upward to complete your log.

8. Cut each log into 4 to 6 slices with a sharp wet knife.

9. Repeat steps 5-8 with the remaining ingredients.

Rollos Sushi de Verdura

El sushi podría ser intimidante, ¡pero sin miedo! Una vez que lo intentas, te convertirás en un preparador profesional de sushi. Toma la libertad de intercambiar el pepino y las zanahorias por verduras diferentes, pero mantén el aguacate - su cremosidad previene que el sushi se seque.

Ingredientes

2/3 taza de granos de arroz pequeño crudo (integral o blanco)

3 cucharadas de vinagre de arroz

3 cucharadas de azúcar blanca

1 1/4 cucharadita de sal

4 hojas completas de alga nori (hojas de alga marina)

1/2 pepino

1/3 zanahoria

1/2 aguacate

Instrumentos Culinarios

Tabla para picar

Cuchillo

Tazas medidoras

Cucharas medidoras

Pelador de verduras o rallador

Olla con tapa

Tazón pequeño

Cuchara

Rejilla para sushi o papel pergamino

Dato Curioso de Marvin

El sushi se originó de una práctica China para conservar la carne y pescado envolviéndolos en arroz para fermentarlos. Luego el arroz se desechaba y la gente comía la carne y el pescado.

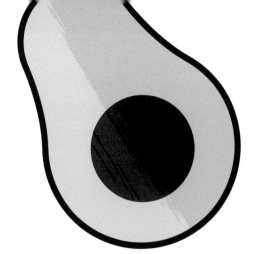

Pasos

1. En una olla mediana, pon a hervir 1 1/3 tazas de agua. Agrega el arroz crudo y remueve. Reduce la temperatura, cúbrelo y deja hirviendo a temperatura baja por 20 minutos o hasta que el agua se haya evaporado y el arroz esté suave. Déjalo reposar por 10 minutos tapado.

2. En un tazón pequeño combina el vinagre, azúcar y sal. Gradualmente agrega esta salsa al arroz tibio, mezcla conforme agregas la salsa para que todo el arroz sea bañado por la salsa. Déjalo a un lado para enfriar. (Cuando utilices arroz precocido, calienta la salsa para ayudar a disolver el azúcar.)

3. Prepara las verduras. Pela ambos, el pepino y la zanahoria y rebánalos en tiras a lo largo (las zanahorias también podrían rallarse). Parte el aguacate a la mitad y córtalo en gajos.

4. Corta las 4 hojas enteras de alga por la mitad, para obtener 8 hojas rectangulares.

5. Coloca una de las hojas nori pequeñas en la rejilla para el sushi o papel pergamino. Alinea la orilla larga de la hoja de alga con la base de la rejilla o papel. Con tus manos húmedas, extiende una capa delgada de arroz en la mitad inferior de la hoja de alga. Acomoda una fila de pepino, zanahoria y aguacate sobre el arroz.

6. Levanta la orilla inferior de la rejilla para sushi o el papel pergamino y suavemente enróllalo sobre los ingrediente, envolviendo las verduras con el arroz. Presiona firmemente para compactar el arroz y los ingredientes en un rollo.

7. Humedece con agua la orilla superior de la hoja de alga para ayudarle a pegarse y termina de enrollar para completar el rollo.

8. Corta con un cuchillo filoso y húmedo cada rollo en 4 ó 6 rebanadas.

9. Repite los pasos 5-8 con el resto de los ingredientes.

30-35 minutes   Summer   *Yield: 8 rolls, or cut each in half for 16 samples*

Summer Rolls

Inspired by traditional Vietnamese rolls, these summer rolls can be customized to your taste in so many ways. After mastering this recipe, try adding other ingredients like cooked shrimp, tofu, or chicken to make a more substantial meal.

Ingredients

2 carrots, peeled

1 cucumber

6 basil leaves

6 mint leaves

6 chives

1 tablespoon fresh jalapeno (optional)

8 sheets of rice paper

Large bowl warm water

1 cup rice noodles, cooked and cooled

1-2 tablespoons soy sauce

1-2 tablespoons hoisin sauce

Cooking Tools

Bowls

Cutting board

Grater

Knife

Measuring spoons

Vegetable peeler

Wax paper

Saeviona's Helpful Hint

Try putting down a lettuce leaf on top of the rice paper first for a faux lettuce wrap. Also jazz up the dipping sauce with different flavors, like a tablespoon of peanut butter or fresh grated ginger.

Steps

1. Shred the carrots and cut the cucumbers into small sticks.

2. Chop or rip basil, mint and chive leaves into small pieces.

3. Cut jalapeno into small pieces.

4. Take a piece of rice paper and carefully dip it in the warm water for 12 seconds. Try not to crack or fold the paper, it's delicate.

5. Place the wet rice paper on a sheet of wax paper. It may seem a little stiff, but it will keep getting softer.

6. Take a pinch of herbs and sprinkle them in the center of the rice paper.

7. On top of the herbs, lay down carrots, cucumber, and jalapeno. Take a pinch of noodles and lay them over the veggies, for about 1/4 cup of filling in the middle of the rice paper.

8. Here's the tricky part. Fold the bottom side of the rice paper over the pile of filling. Then repeat with the right side and left side. Finally, roll the whole thing towards the top to wrap it like a burrito. A little practice is required, but even if it doesn't look perfect it will taste delicious!

9. Combine the hoisin sauce and soy sauce to make a quick dipping sauce. Dip the rolls in the sauce and enjoy this delicious summer snack!

Rollos de Verano

Inspirados en los rollos tradicionales Vietnamitas, estos rollos de verano pueden personalizarse al gusto de muchas maneras. Después de especializarte con esta receta, prueba agregando otros ingredientes como camarón cocido, tofu o pollo, para lograr un platillo más sustancial.

Ingredientes

2 zanahorias peladas

1 pepino

6 hojas de albahaca

6 hojas de menta

6 cebollines

1 cucharada de jalapeño fresco (opcional)

8 hojas de papel de arroz

Tazón grande con agua tibia

1 taza de tallarines de arroz, cocidos y enfriados

1-2 cucharadas de salsa de soya

1-2 cucharadas de salsa *hoisin*

Instrumentos Culinarios

Tazones

Tabla para picar

Rallador

Cuchillo

Cucharas medidoras

Pelador de verduras

Papel encerado

Consejo Útil de Saeviona

Pruébalo con una hoja de lechuga y colócala sobre el papel de arroz para tener un enrollado de lechuga falsa. Y para tener una salsa más emocionante, también puedes agregar una cucharada de crema de cacahuate o jengibre fresco rallado.

Pasos

1. Ralla las zanahorias y corta los pepinos en tiritas.

2. Pica o trocea las hojas de albahaca, menta y cebollines en piezas pequeñas.

3. Corta el jalapeño en pequeñas piezas.

4. Toma una pieza del papel de arroz y cuidadosamente métela en el agua tibia por 12 segundos. Intenta no romperla o doblarla, es muy delicada.

5. Coloca el papel de arroz sobre una hoja del papel encerado. Tal vez luzca un poco tiesa, pero irá suavizándose.

6. Toma una pizca de hierbas y esparselas en el centro del papel de arroz.

7. Coloca las zanahorias, pepinos y jalapeño sobre las hierbas. Toma un poquito de los tallarines y colócalos sobre las verduras, alrededor de · de taza de relleno en el medio del papel de arroz.

8. Ésta es la parte complicada. Dobla el lado inferior del papel de arroz para cubrir la pila de relleno. Luego repítelo con el lado derecho y el lado izquierdo. Finalmente, desliza todo hacia la parte superior para envolverlo como un burrito. Se requiere un poco de práctica, pero aunque no luzca perfecto, ¡sabrá delicioso!

9. Combina la salsa hoisin y la salsa de soya para crear una salsa rápida para aderezar. Acompaña los rollos con la salsa y ¡disfruta de un refrigerio veraniego!

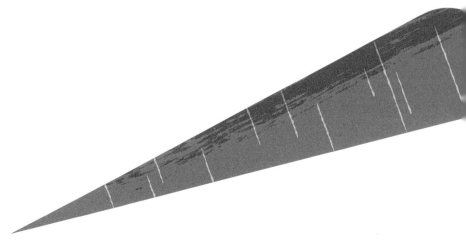

 30-45 minutes Spring Summer Fall   Yield: 15-20 fajitas

Vegetable Fajitas

The beauty of fajitas is the combination of chewy tortillas with warm fillings bursting with flavor. Our colorful vegetarian version is savory and satisfying.

Ingredients

1-2 bell peppers (red, yellow, or green)

1 onion

2-3 limes

1/2 teaspoon chili powder

3 tablespoons olive oil

1/2 teaspoon salt

1/2 teaspoon pepper

10-15 kale leaves

1 can low sodium black beans

2 packs 6-inch tortillas

1-2 tomatoes

10 cilantro stems

Cooking Tools

Cutting board

Juicer

Knife

Large pan

Measuring spoons

Serving dish or platter

Small bowl

Small serving bowls or large plate

Steps

1. Slice the sweet peppers and onions into thin strips.

2. Juice your limes into a small bowl. Add the chili powder, olive oil, salt, and pepper into the juice and mix well.

3. Heat the oil in your pan on medium-high heat. When ready, saute the onions and sweet peppers together in the pan, adding your sauce.

4. Chop or rip up the kale with your hands into bite-sized pieces and add to the cooking peppers and onions in the pan. Add the beans to the pan.

5. Cook for a few more minutes until the kale wilts and the beans have warmed. Then turn off the heat and move to a serving dish.

6. Chop up tomatoes, cilantro, and any other toppings desired. Arrange these to your liking in either small serving bowls or on a large plate.

7. Lastly, pass out the tortillas and let everyone make their own fajita to their liking! Remember to let friends know to be careful with the hot vegetables.

30-45 minutos   ✿ Primavera   ☀ Verano   ⬭ Otoño   *Rendimiento: 15-20 fajitas*

Fajitas de Verduras

La belleza de las fajitas es la combinación de tortillas suaves con un relleno calientito y lleno de sabor. Nuestra versión vegetariana y colorida es sabrosa y satisfactoria.

Ingredientes

1-2 pimientos (rojo, amarillo o verde)

1 cebolla

2-3 limones verdes

1/2 cucharadita de polvo de chile

3 cucharadas de aceite de oliva

1/2 cucharadita de sal

1/2 cucharadita de pimienta

10-15 hojas de col rizada

1 lata de frijoles negros bajos en sodio

2 paquetes de tortillas de 6 pulgadas

1-2 tomates

10 ramitas de cilantro

Instrumentos Culinarios

Tabla para picar

Exprimidor de jugos

Cuchillo

Sartén grande

Cucharas medidoras

Plato para servir o platón

Tazón pequeño

Tazones pequeños para servir
o un plato grande

Pasos

1. Rebana los pimientos dulces y las cebollas en tiras.

2. Exprime el jugo de los limones verdes en un tazón pequeño. Agrega el polvo de chile, aceite de oliva, sal y pimienta, y mezcla bien.

3. Calienta el aceite en el sartén a temperatura media. Cuando esté listo, saltea las cebollas y los pimientos dulces juntos, agrega la salsa.

4. Pica o trocea con tus manos la col rizada en piezas pequeñas y agrégalas al sartén con los pimientos y cebollas. Añade los frijoles al sartén.

5. Cocínalos por unos minutos hasta que la col rizada se cueza y los frijoles estén calientes. Luego apaga el fuego y vacíalo a un plato para servir.

6. Pica los tomates, cilantro, y cualquier otro ingrediente que desees para acompañar. Sírvelo a tu gusto en los tazones pequeños o en un platón.

7. Por último, ¡pasa las tortillas para que cada uno se prepare su fajita al gusto! Recuerda avisarles a tus amigos que las verduras están calientes.

Garden Ramen

Perfect on cold days, this soup is a healthier version of the store-bought instant ramen that kids and adults might be used to eating. If you throw away the sodium-filled flavoring packet, this is a light and bright garden meal.

Ingredients

8 chives

2 sprigs thyme

1-2 carrots

2 ramen packages (throw away the seasoning packets)

4 cups chicken or vegetable broth

1/2 teaspoon sesame oil

1 teaspoon soy sauce

1 cup baby greens or larger greens ripped into pieces

Some other ideas for vegetables (choose your favorites or what's in season): Peas, radishes, mushrooms, sweet peppers, hot peppers, and cabbage

Cooking Tools:

Bowls

Cutting board

Grater

Knife

Measuring cups

Measuring spoons

Pot with lid

Spoons

Steps

1. Mince or rip chives. Remove thyme leaves from stems.

2. Shred carrots with a grater.

3. Prep any other vegetables you want in your soup by cutting them into bite-sized pieces.

4. Heat chicken stock, sesame oil, and soy sauce and bring to a boil. Add carrots, baby greens, and ramen noodles without the seasoning packet and cook for one minute. Remove from heat.

5. Set out your thyme, chives, and other veggies and add to your heart's desire!

Saeviona's Helpful Hint

Try setting out an array of toppings and letting kids and guests add their own ingredients after the broth is ready and the noodles are cooked. That way everyone gets to have their own unique bowl.

Tallarines Ramen del Jardín

Son perfectos para un día frío. Esta sopa es una versión saludable de los tallarines ramen comprados en el súper mercado a los que los niños y adultos están acostumbrados. Si retiras el saborizante saturado de sodio del paquete, ésta es una comida ligera y maravillosa del jardín.

Ingredientes

8 cebollines

2 ramitas de tomillo

1-2 zanahorias

2 paquetes de ramen (desecha el sobre de condimentos)

4 tazas de caldo de pollo o verduras

1/2 cucharadita de aceite de sésamo

1 cucharadita de salsa de soya

1 taza de hojas de verduras "bebés" o grandes troceadas en piezas

Algunas otras ideas para ingredientes de verduras (elige tus favoritas o lo que está de temporada): Guisantes, rábanos, champiñones, pimientos dulces, chiles picosos, repollo

Instrumentos Culinarios

Tazones

Tabla para picar

Rallador

Cuchillo

Tazas medidoras

Cucharas medidoras

Olla con tapa

Cucharas

Pasos

1. Pica o trocea los cebollines. Retira las hojas de los tallos.

2. Ralla las zanahorias con el rallador.

3. Prepara cualquier otra verdura que desees en tu sopa y córtalas en piezas del tamaño de una mordida.

4. Calienta el caldo de pollo, aceite de sésamo y salsa de soya, y hiérvelo. Agrega las zanahorias, las hojas de verduras y los tallarines ramen sin el paquete de condimentos, cocina por un minuto. Retira del fuego.

5. Sirve el tomillo, cebollines y otras verduras por separado, y ¡agrégalas como más se te antoje!

Consejo Útil de Saeviona

Prueba separando una serie de ingredientes que los niños e invitados pueden agregar después de que el caldo está preparado y los tallarines cocidos. De esta manera cada invitado puede tener su propio tazón personalizado.

Sweet Potato Hash

After blending your sweet potatoes with earthy herbs and a faint kick of chile, let this hash cook like one giant potato pancake, resulting in something soft, crunchy, savory and sweet all at the same time.

Ingredients

1 tablespoon butter

1 large sweet potato

15 chives

1/4 teaspoon chipotle chile powder

1/4 teaspoon garlic powder

2 teaspoons brown sugar

1/2 teaspoon salt

Cooking Tools

Cutting board

Grater

Knife

Large pan with lid

Measuring cups

Measuring spoons

Mixing spoon

Spatula

Vegetable peeler

Steps

1. Peel and shred the sweet potato.

2. Melt the butter in a large pan over a medium-high heat. Arrange the shredded sweet potatoes around the pan, to ensure that all the pieces are evenly covered in butter. Place the lid on the pan, stirring occasionally until the sweet potatoes are soft, about 5-10 minutes.

3. Chop or rip chives into small pieces.

4. Add the chipotle chile powder, garlic powder, salt, and brown sugar. Mix well and then spread out in an even layer in the pan. Continue cooking uncovered until the sweet potatoes are golden brown on the bottom, about 5 more minutes.

5. Flip the sweet potatoes over and cook until both sides are golden brown.

Marvin's Fun Fact

Sweet potatoes come in many different colors. The flesh can be many shades of white, orange, or purple depending on the variety.

Picadillo de Camote

Después de moler tus camotes con hierbas con sabor de la tierra y un pedacito de chile, déja que este picadillo se cocine como un panqueque gigante de camote, lo que resultará en algo suave, crujiente, sabroso y dulce, todo al mismo tiempo.

Ingredientes

1 cucharada de mantequilla

1 camote grande

15 cebollines

1/4 cucharadita de polvo de chile chipotle

1/4 cucharadita de polvo de ajo

2 cucharaditas de azúcar morena

1/2 cucharadita de sal

Instrumentos Culinarios

Tabla para picar

Rallador

Cuchillo

Olla grande con tapa

Tazas medidoras

Cucharas medidoras

Cuchara para mezclar

Espátula

Pelador de verduras

Steps

1. Pela y ralla el camote.

2. Derrite la mantequilla en una olla grande a temperatura media-alta. Distribuye el camote en toda la olla para asegurar que todas las piezas estén igualmente cubiertas por la mantequilla. Pon la tapa en la olla, remueve ocasionalmente hasta que los camotes estén suaves, alrededor de 5-10 minutos.

3. Pica o trocea los cebollines en pequeñas piezas.

4. Agrega el polvo de chile chipotle, polvo de ajo, sal y azúcar morena. Mezcla bien y distribuye igualmente para que todo quede al mismo nivel. Continúa cocinando con la olla destapada hasta que los camotes luzcan dorados en la parte inferior, por aproximadamente 5 minutos más.

5. Voltea los camotes y cocina hasta que ambos lados estén dorados.

Dato Curioso de Marvin

Los camotes crecen de distintos colores. La pulpa puede ser de distintos tonos, blanco, naranja o morado dependiendo de la variedad.

🕐 *25-35 minutes*   🌷 *Spring*   ⊘ *Fall*   *Yield: 10-12*

Collard Greens Salad Wrap

Dark leafy greens might seem like a hard sell for picky eaters, but the trick is to think of them like a vehicle for yummy, favorite flavors. We've used some popular bridge foods - carrots, cranberries, and tortillas - in this recipe to ease kids into trying collards.

Ingredients

10 collard leaves

1/2 lemon

1 tablespoon olive oil

1/2 teaspoon salt

1/2 avocado

5 chives

1 carrot

1 tablespoon dried cranberries

6 tortillas, cut into quarters

Cooking Tools:

Cutting board

Grater

Juicer

Knife

Large resealable plastic bags

Mixing bowl

Measuring spoons

Spoon

Steps

1. Tear the collard leaves into small bite-sized pieces and put them in the plastic bag.

2. Juice the half lemon. Add lemon juice, olive oil, salt, and avocado to the plastic bag.

3. Seal the bag and knead and rub the kale from the outside of the bag until the greens are wilted and a darker green (this is a great task for kids to share!). When the kale is tenderized, empty it into the bowl.

4. Chop or rip the chives and add them to the bowl.

5. Shred the carrot and mix into the bowl. Add dried cranberries.

6. Cut the tortillas into quarters.

7. Scoop a spoonful of salad onto a tortilla triangle and fold it up like a tiny taco!

Saeviona's Helpful Hint

As long as you keep a 1:1 ratio of fat to acid in the dressing, you can explore different flavor combinations in this salad. A couple of our favorite combos are a spicy salad with lime, avocado, and hot sauce, or a Thai-style salad with peanut butter, lime, soy sauce, and garlic.

Enrollado de Ensalada de Col Rizada

Las hojas de verduras oscuras podrían parecer difícil de atraer a los comensales difíciles, pero el truco es verlos como un medio para los sabores favoritos y ricos. Hemos usado varios alimentos populares como puentes - zanahorias, arándanos y tortillas - en esta recepta para facilitar que los niños prueben la col rizada.

Ingredientes

10 hojas de col rizada

1/2 limón amarillo

1 cucharada de aceite de oliva

1/2 cucharadita de sal

1/2 aguacate

5 cebollines

1 zanahoria

1 cucharada de arándanos deshidratados

6 tortillas cortadas en cuartos

Instrumentos Culinarios

Tabla para picar

Rallador

Exprimidor de jugos

Cuchillo

Bolsas herméticas grandes

Tazón para mezclar grande

Cucharas medidoras

Cuchara

Consejo Útil de Saeviona

Mientras que mantengas una proporción de 1:1 de grasa y ácido en el aderezo, puedes explorar varias combinaciones de sabores diferentes en esta ensalada. Un par de nuestros combos favoritos son las ensaladas picosas con limón, aguacate y salsa picosa, o la ensalada estilo Tailandés con crema de cacahuate, limón, salsa de soya y ajo.

Pasos

1. Trocea las hojas de la col rizada en piezas pequeñas del tamaño de una mordida y colócalas en la bolsa de plástico.

2. Exprime el jugo del limón amarillo. Agrega el jugo del limón amarillo, aceite de oliva, sal y aguacate a la bolsa de plástico.

3. Cierra la bolsa de plástico y masajea y acaricia la col rizada desde afuera de la bolsa, hasta que las hojas estén cubiertas y luzcan más verdes (¡esta es una tarea genial para los niños!). Cuando la col se sienta más tierna, vacíala al tazón.

4. Pica o trocea los cebollines y agrégalos al tazón.

5. Ralla las zanahorias y mézclalas en el tazón. Agrega los arándanos deshidratados.

6. Corta las tortillas en cuartos.

7. Toma una cucharada de la ensalada y ponla sobre un triángulo de tortilla y ¡dóblalo como un taquito!

Swiss Chard Quesadilla

Crispy, chewy, and ooey-gooey, there is little one needs to do to improve on a classic quesadilla. By sneaking in a Swiss chard leaf and fresh herbs, we've added some garden flair to this comfort food.

Ingredientes

3 large Swiss chard leaves

6 flour tortillas, 8-10 inches

1 1/2 cups of shredded cheddar cheese

Butter

Salt

Optional flavorings: chives, cilantro or hot sauce

Optional toppings: fresh salsa (page 25), black beans or sour cream

Instrumentos Culinarios

Cutting board

Grater

Knife

Measuring cups

Measuring spoons

Pan

Spatula

Saeviona's Helpful Hint

In this recipe we don't use the Swiss chard stems, but you can save them and use them in a stir fry or try making Swiss chard stem encurtidos rápidos.

Steps

1. Tear the leaves of the Swiss chard off the stems.

2. Lay one tortilla on a flat surface and place a Swiss chard leaf on top. Sprinkle about 1/2 cup of shredded cheese on top. If you want to sprinkle some of the optional herbs, now is the time! Next, add a second tortilla on top, like a sandwich. Repeat with the remaining ingredients.

3. Heat a frying pan or skillet on medium heat. While the pan heats up, rub a little bit of melted butter on the outsides of the tortillas and sprinkle a pinch of salt - this will make the crust nice and crispy!

4. Place the quesadilla in the hot pan, and let sit for a minute, then carefully (so the filling doesn't fall out) turn over with a spatula. Cook on each side until the tortillas begin to brown and the cheese melts. If the cheese is melting too slowly, try covering it with a pan lid. Keep an eye on these or they will burn fast!

5. Let the quesadillas cool for a few seconds before digging in. If serving a crowd, cut each quesadilla into 6 wedges.

Quesadilla de Acelgas

Crujiente, chiclosa y viscosa, hay muy poquita necesidad de mejorar esta quesadilla clásica. Metiendo una hoja de acelga y hierbas frescas, hemos agregado un toque del jardín a esta comida clásica.

Ingredientes

3 Hojas grandes de acelga

6 Tortillas de harina de 8-10 pulgadas

1 1/2 tazas de queso rallado

Mantequilla

Sal

Sobres opcionales: cebollines, cilantro o salsa picosa

Aderezos opcionales: salsa fresca (página 26), frijoles negros o crema ácida

Instrumentos Culinarios

Tabla para picar

Rallador

Cuchillo

Tazas medidoras

Cucharas medidoras

Sartén

Espátula

Consejo Útil de Saeviona

En esta receta no usamos los tallos de la acelga, pero puedes guardarlos y usarlos en un salteado o intenta preparar encurtidos rápidos con tallos de acelga.

Pasos

1. Retira las hojas de la acelga de los tallos.

2. Coloca una tortilla sobre una superficie plana y pon la hoja encima. Rocía 1/2 taza aprox. del queso rallado sobre la acelga. Si deseas rocía algunas de las hierbas, ieste es el momento! Luego coloca una segunda tortilla encima, como un sandwich. Repite con el resto de los ingredientes.

3. Calienta un sartén o parrilla a temperatura media. Mientras el sartén se calienta, unta un poco de mantequilla derretida sobre los lados externos de las tortillas y espolvorea una pizca de sal - ieste creará una buena corteza con textura crujiente!

4. Coloca la quesadilla en el sartén caliente y déjala sentar por un minuto, luego cuidadosamente (para que los ingredientes no se salgan) voltéala con una espátula. Cocínala hasta que ambos lados comiences a lucir dorados y el queso esté derretido. Si el queso se derrite lentamente, intenta cubrirla con una tapa. iMantente pendiente de la quesadilla o podría quemarse ràpidamente!

5. Deja que la quesadilla se enfríe por unos segundos antes de comerla. Si estás sirviendo a más personas, corta cada quesadilla en 6 rebanadas.

Beverages

REFRESHING DRINKS

Bebidas

BEBIDAS REFRESCANTES

Herbal Lemonade

After all this cooking you've probably worked up quite a thirst! Wet your whistle with this unconventional twist on a classic summer favorite.

Ingredients

20 mint leaves

4 tablespoons sugar (can be substituted with agave or honey)

3 lemons

Water

Ice (depending on water temperature)

Cooking Tools

Cutting board

Knife

Mason jar - quart size

Measuring spoons

Mortar and pestle

Steps

1. Rip mint leaves into small pieces and place them in the mortar and pestle with sugar. Grind, mush, and mash the sugar and mint together until the sugar turns green.

2. Juice the lemons and pour the juice into the jar. Add the mint leaves and sugar into the juice and add water until you get an inch from the top of the jar.

3. Put the lid on TIGHT. Then shake shake, shake the lemonade.

4. Pour a little in a cup and taste it. If it is too sweet, add a bit more lemon juice.

Saeviona's Helpful Hint

Experiment with adding strawberries or combining a few varieties of herbs, like basil or rosemary

Limonada con Hierbas

Después de cocinar todo esto, ¡tal vez estás sediento! Humedece tu silbido con esta combinación poco convencional de unos de los clásicos favoritos del verano.

Ingredientes

20 hojas de menta

4 cucharadas de azúcar (puede ser sustituida por agave o miel)

3 limones amarillo

Agua

Hielo (dependiendo de la temperatura del agua)

Instrumentos Culinarios

Tabla para picar

Cuchillo

Frasco de vidrio - 1 litro de capacidad

Cucharas medidoras

Mortero y mazo

Pasos

1. Trocea las hojas de menta en piezas pequeña y colócalas en el mortero y mazo con el azúcar. Muele, mezcla y apachurra el azúcar y la menta juntas hasta que el azúcar cambie de color a verde.

2. Exprime los limones amarillo y vierte el jugo en el frasco. Agrega las hojas de menta y azúcar al jugo y añade agua hasta dejar una pulgada de distancia entre el líquido y la boca del frasco.

3. Pon la tapa y cierra BIEN. Luego agita, agita, agita la limonada.

4. Vacía un poco en un vaso y pruébala. Si es muy dulce, agrega un poco más de jugo de limón amarillo.

Consejo Útil de Saeviona

Experimenta agregando fresas o combinando algunas variedades de hierbas, como albahaca o romero.

⏱ *25 minutes*   ☀ *Summer*   *Yield: 1 quart limeade*

Blackberry Limeade

When it's hot and muggy outside, this refreshing and fruity drink will be the perfect thing to cool you off. Limes, blackberries, and fresh herbs make for a fun twist on a classic summer "ade."

Ingredients

20 mint leaves

5 limes

5-8 blackberries

4 tablespoons sugar

Water

Ice (depending on water temperature)

Cooking Tools:

Cutting board

Knife

Mason jar - quart size

Measuring spoons

Mortar and pestle

Steps

1. Rip mint leaves into small pieces and place them in the mortar and pestle with sugar. Grind, mush, and mash the sugar and mint together until the sugar turns green.

2. Juice the limes and pour the juice into the jar. Add the mint leaves, sugar, and blackberries into the juice and add water until you get an inch from the top of the jar.

3. Put the lid on TIGHT and shake the limeade until it turns purple.

4. Pour a little in a cup and taste it. For a more sour drink, use less sugar.

Marvin's Fun Fact

Mint has many benefits including soothing headaches and nausea, and helping to cool you down during the hot summer months.

Jugo de Zarzamora y Limón Verde

Cuando hace calor y humedad al aire libre, esta bebida refrescantes y frutal es la cosa perfecta para refrescarte. Los limones verdes, zarzamoras y hierbas frescas hacen una combinación divertida con uno de los clásicos del verano: "limonadas".

Ingredientes

20 hojas de menta

5 limones verde

5-8 zarzamoras

4 cucharadas de azúcar

Agua

Hielo (dependiendo de la temperatura del agua)

Instrumentos Culinarios

Tabla para picar

Cuchillo

Frasco de vidrio - 1 litro de capacidad

Cucharas medidoras

Mortero y mazo

Cuchara

Pasos

1. Trocea las hojas de menta en piezas pequeña y colócalas en el mortero y mazo con el azúcar. Muele, mezcla y apachurra el azúcar y la menta juntas hasta que el azúcar cambie de color a verde.

2. Exprime los limones verdes y vierte el jugo en el frasco. Agrega las hojas de menta, azúcar y zarzamoras al jugo y añade agua hasta dejar una pulgada de distancia entre el líquido y la boca del frasco.

3. Pon la tapa y cierra BIEN y luego agita la limonada hasta que luzca morada.

4. Vacía un poco en un vaso y pruébala. Para obtener una bebida más ácida usa menos azúcar.

Dato Curioso de Marvin

La menta tiene muchas propiedades, incluyendo el alivio de dolores de cabeza y náuseas y ayuda a reducir la temperatura corporal durante los meses calurosos del verano.